THÉATRE
DE
FAMILLE

PAR

A. GENNEVRAYE

---

70 DESSINS PAR GEOFFROY

BIBLIOTHÈQUE
D'ÉDUCATION ET DE RÉCRÉATION
J. HETZEL ET Cie, 18, RUE JACOB
PARIS

Tous droits de traduction et de reproduction réservés.

COLLECTION J. HETZEL

THÉATRE
DE
FAMILLE

PAR
A. GENNEVRAYE

70 DESSINS PAR GEOFFROY

BIBLIOTHEQUE
D'ÉDUCATION ET DE RÉCRÉATION
J. HETZEL ET Cie, 18, RUE JACOB
PARIS

Tous droits de traduction et de reproduction réservés

THÉATRE DE FAMILLE

PRÉFACE

COMMENT, AVEC PRESQUE RIEN DU TOUT, ON PEUT JOUER PARTOUT LA COMÉDIE.

Émilie. — Je suis ennuyée de ma poupée... je ne sais que faire!

Jeanne. — Et moi de mon ménage; à quoi allons-nous nous amuser? Jules, tu bâilles là dans ton coin.

Jules. — Oui, toujours jouer à la balle... ou apprendre des leçons...

Paul. — On devrait bien inventer quelque divertissement nouveau. Victor, cesse donc de sauter à la corde. Elle nous agace, ta corde!

Émilie. — Il me vient une idée. Si nous priions maman de nous faire jouer la comédie?

Jules. — Bravo! Ce serait très amusant. C'est une fameuse idée que tu viens d'avoir là, Émilie. (Se levant vivement.) Tu vois, je ne bâille plus.

Victor. — Moi, je ferai un général.

Jeanne. — Toi, un général! mais tu n'as pas encore été une seule fois au spectacle.

Victor. — Si, j'ai vu à Guignol *Polichinelle*; un bossu très drôle et quelquefois très méchant.

Jeanne. — A Guignol, ce ne sont que des marionnettes en bois.

Paul. — Tandis que nous, nous serions de vrais acteurs.

Émilie. — Quel bonheur! voilà maman... Oh! chère maman, nous avons quelque chose de très important à vous demander.

Jeanne. — Vous nous feriez si grand plaisir!

La maman. — Qu'est-ce que c'est, mes chéris?

Jules. — Oh! maman, est-ce que vous ne pourriez pas nous faire jouer la comédie?...

La maman, *après un instant de réflexion*. — Votre demande m'a surprise un peu; mais, tout bien considéré, j'y consens volontiers. Cet amusement apprend à bien dire et donne de l'activité à l'esprit.

Les enfants. — Quel bonheur!

Victor. — Maman, est-ce que je jouerai, moi?

La maman. — Certainement, mon petit ange.

JULES. — Il est trop petit.

LA MAMAN. — Un de mes amis vient de m'envoyer un volume de pièces pour les enfants; il s'y trouve des rôles pour tous les âges.

JEANNE. — Vous nous choisirez la plus jolie comédie, chère maman.

ÉMILIE. — Et vous nous ferez faire un théâtre.

LA MAMAN. — Un théâtre est tout à fait inutile; vous jouerez dans le salon, tout simplement.

JULES. — Eh bien, et la rampe?

LA MAMAN. — La rampe? des bougies ou des lampes posées à terre, de chaque côté, voilà la rampe; vous serez ainsi parfaitement éclairés et séparés du public.

ÉMILIE. — Comment aurons-nous des décors?

LA MAMAN. — Rien n'est plus facile : deux paravents feront l'affaire, et encore on peut s'en passer. Quelques branchages : voilà une forêt. Une table et des chaises le long de la cheminée font un salon. Un ou deux pots de fleurs, un parterre. Une inscription au bout d'un bâton apprendra que là est la mer ou une rivière. Un écriteau remplace très avantageusement un palais ou une chaumière; il tient moins de place. Vous voyez que l'on peut monter une jolie pièce dans les maisons modestes, comme dans les châteaux.

ÉMILIE. — Mais les costumes? Aurons-nous des costumes?

LA MAMAN. — Certes, et de superbes, des couronnes royales, des baudriers d'or, des habits brodés, des turbans, des voiles de princesses turques; tout cela se fait à merveille avec du carton, du papier doré, des châles, des écharpes, de vieux rideaux.

Jeanne. — Est-ce possible ?

La maman. — Oui, avec de l'adresse et du goût. Le plus difficile, c'est d'avoir du talent.

Jules. — Il s'agit de savoir son rôle ; mais puisque nous apprenons bien nos leçons par cœur et les récitons quelquefois sans faire une faute ?

La maman. — Vous récitez souvent comme des perroquets. Il faut non seulement savoir son rôle, mais le comprendre, pour le dire d'un ton juste et naturel ; oublier sa personnalité pour entrer dans celle du personnage que l'on représente.

Jules. — Ah ! je comprends ; si je fais un soldat, je devrai me sentir très brave.

Jeanne. — Moi, une petite fille pas sage qu'on ne veut pas mener promener, je pleurerai.

Émilie. — Je crois que je jouerai très bien si j'ai un joli rôle.

La maman. — Il n'y a de mauvais rôles que les rôles qu'on joue mal.

Émilie. — Je ne voudrais pas faire une vieille.

La maman. — Tu aurais tort, c'est très gentil une jeune vieille avec des cheveux blancs.

Émilie. — Mais, maman, nous n'avons pas de cheveux blancs.

La maman. — On fait de superbes perruques avec de la filasse, et, poudrées avec de la farine, cela fait merveille.

Victor. — Maman, je serai un petit vieux si tu veux, un tout petit vieux.

PAUL. — Par exemple, cela ne doit pas être agréable de faire un méchant garçon...

LA MAMAN. — Puisque c'est une comédie, c'est-à-dire une fiction, ce n'est pas la réalité; on peut donc faire un menteur, sans l'être; un coquin, sans être humilié; tout cela est une plaisanterie : un voleur peut être amusant, du moment que l'on sait que l'acteur qui le représente est réellement très honnête. Voulez-vous que je vous distribue vos rôles?

TOUS. — Oui! oui!

LA MAMAN. — Toi, Jules, tu feras le grand-papa, dans une jolie pièce qui est intitulée : *Le Verre à Grand-Papa.*

JULES. — Bon, la perruque de filasse.

LA MAMAN. — Et des rides que je te ferai avec un bouchon brûlé. Émilie, tu feras la servante.

ÉMILIE, *faisant la moue.* — Ah! une servante; j'aurais voulu un rôle avec une belle toilette.

LA MAMAN. — C'est une coquetterie bien mal placée; on peut être très ennuyeuse avec une belle robe, et très touchante, très amusante avec un bonnet et un casaquin. Si vous voulez avoir du talent, mes enfants, il ne faut avoir ni vanité ni prétentions.

JEANNE. — Je crains d'avoir une peur.

LA MAMAN. — La timidité est parfois de la vanité. Paul et Jeanne feront les petits-enfants du grand-père. Vous allez copier vos rôles, les apprendre, et demain nous ferons la première répétition.

PAUL. — Il y en aura donc plusieurs?

LA MAMAN. — Certainement, une répétition est une

véritable récréation. On apprend à bien dire, à bien marcher, à se placer en scène, à savoir comment entrer et sortir; seulement, il faut écouter les conseils du metteur en scène; ce sera moi. J'espère, mes chers enfants, non que vous serez d'excellents comédiens, mais de gentils petits acteurs, et que vous vous amuserez en amusant les autres.

Émilie. — Est-ce qu'on nous applaudira?

La maman. — Le public sera indulgent; ses applaudissements ne devront pas vous enorgueillir, mais vous encourager à mieux faire encore.

Tous. — Ah! chère maman, que vous êtes bonne! Mais, est-ce que vous ne pourriez pas jouer avec nous?

La maman. — Pas cette fois-ci, puisque je suis votre directeur; je ne dis pas non pour plus tard. Il y a des pièces dans le *Théâtre de Famille* où une grande personne peut prendre un rôle et soutenir ainsi une jeune troupe. Tenez, voilà le livre, allez vite copier: *Le Verre à Grand-Papa*.

Les enfants se jettent à son cou et s'en vont parfaitement heureux.

LE VERRE DE GRAND-PAPA

PERSONNAGES:

RAOUL. — GRAND-PAPA. — LE BIJOUTIER. — PAULINE. NICOLE.

Un salon, table, grand fauteuil, sièges.

SCÈNE PREMIÈRE
RAOUL, PAULINE.

PAULINE.

Ah! Raoul, quel malheur! Tu ne sais pas, j'ai cassé le verre à grand-papa.

RAOUL.

Son beau verre?

PAULINE.

Oui, celui que maman lui a donné pour sa fête et auquel il tient tant.

RAOUL.

Il ne veut plus boire que dans ce verre-là; tu vas être joliment grondée.

PAULINE.

Si ce n'était que cela, j'en prendrais mon parti; mais grand-papa va avoir du chagrin, voilà ce qui me désole. Puis il va être inquiet s'il est de l'avis de Nicole.

RAOUL.

De l'avis de Nicole, sur quoi?

PAULINE.

C'est que les verres cassés, ça porte malheur.

RAOUL.

Ah! ça porte malheur? Mais pourquoi y as-tu touché à ce verre? Est-ce que tu as voulu boire dedans?

PAULINE.

Non. Nicole ne voulait pas me laisser le laver; mais, depuis que maman est en voyage, nous faisons ce que nous voulons; je l'ai pris malgré elle, il m'a glissé des mains. Ah! si maman était ici, elle achèterait un autre verre, et tout serait sauvé; mais vais-je pouvoir le faire?

RAOUL.

C'est impossible, tu n'en trouveras pas un pareil.

PAULINE.

Si; Nicole croit en avoir vu un, tout, tout pareil, à l'*Escalier de Cristal*.

RAOUL.

Mais alors, il faut l'envoyer chercher bien vite...

PAULINE.

Elle est déjà partie; j'avais encore vingt-deux sous, je les lui ai donnés.

RAOUL.

Moi, j'ai deux francs, je les lui donnerai aussi, si vingt-deux sous, ce n'est pas assez; tu me les rendras.

PAULINE.

Tu es un bon petit garçon, Raoul; mais vingt-deux sous, c'est déjà beaucoup; avec les deux francs, combien cela ferait-il?

RAOUL.

Ça fait... Attends. *(Il compte sur ses doigts.)*

PAULINE.

Trois francs deux sous! Oh! bien sûr, il y aurait là de quoi acheter le verre; grand-papa ne s'apercevra de rien. Il y a du temps d'ici le dîner.

RAOUL.

Oui, mais quand Nicole sera revenue, tu n'y toucheras pas au verre neuf, ni moi non plus.

SCÈNE II

Les Mêmes, NICOLE.

PAULINE.

As-tu le verre?

NICOLE.

Ah bien oui! le verre, ça coûte vingt francs!

PAULINE et RAOUL.

Vingt francs!

PAULINE.

Vingt francs! C'est une somme énorme; tu sais, quand Mme Pigné a donné vingt francs à maman pour la loterie, maman a dit : « Nous aurons beaucoup de lots avec ça. »

RAOUL.

Que vas-tu faire?

NICOLE.

Il faut y renoncer. Ah! que monsieur va être attristé... Ce verre cassé... c'est dans le cas, à son âge, de le rendre malade.

PAULINE.

De le rendre malade!... Il faut absolument trouver vingt francs.

NICOLE.

Si je n'avais pas envoyé mon argent à ma mère, je vous les avancerais, mais je n'ai plus que neuf sous...

RAOUL.

Je vendrais bien ma boîte de couleurs, mais je les ai usées, les couleurs; si tu vendais ta belle poupée?...

PAULINE.

Elle a une jambe cassée, ça ne paraît pas quand elle est habillée, mais le marchand n'en voudrait pas.

NICOLE.

Allons! faut vous résigner.

PAULINE.

Ah! j'y pense, j'ai mon bracelet d'or.

RAOUL, à Nicole.

Elle a son bracelet d'or.

NICOLE.

Votre maman ne vous le laisserait pas vendre.

PAULINE.

Il est à moi, c'est mon oncle Paul qui me l'a donné.

RAOUL, à *Nicole*

Oui, il est à Pauline.

PAULINE.

J'ai le droit d'en faire ce que je veux ; il doit bien valoir vingt francs. Nicole, crois-tu qu'il vaille vingt francs ?

NICOLE.

C'est bien possible, je ne sais point le prix de ces affaires-là.

PAULINE.

Attends.

(*Elle sort un instant*)

RAOUL.

Moi, je crois qu'il vaut vingt francs.

NICOLE.

Si madame était là... mais elle n'y est pas, et je ne puis...

PAULINE, *rentrant*.

Le voilà. O ma petite Nicole, cours chez un bijoutier... tu vas le lui vendre ; puis tu iras tout de suite acheter le verre.

NICOLE.

Non, voyez-vous ; madame ne serait pas contente.

PAULINE.

Je lui dirai que c'est moi qui te l'ai ordonné, que je l'ai voulu ; je suis la maîtresse pendant qu'elle n'est pas là.

NICOLE.

Oh ! la maîtresse à votre âge...

PAULINE.

Eh bien ! non ; mais, puisque le bracelet est à moi et que c'est moi qui aurai voulu le vendre...

RAOUL, à Nicole.

Elle pourrait bien le perdre; donc elle peut le vendre.

NICOLE.

Non, non, c'est impossible, je ne peux pas vous aider à ça.

PAULINE.

Va, ma petite Nicole, je t'en supplie; je dirai tout à maman qui trouvera que j'ai bien fait d'éviter un chagrin à grand-papa.

NICOLE.

Ça me coûte trop de vous refuser. Voyons, donnez-le-moi, j'y vas.

PAULINE.

Tu es une bonne fille, Nicole.

RAOUL.

Prends bien garde au verre en le portant.

(*Nicole sort.*)

SCÈNE III

PAULINE, RAOUL, puis le GRAND-PAPA.

PAULINE.

Pourvu qu'il soit tout pareil à l'autre !

RAOUL.

Puisque Nicole te l'a dit qu'il était tout pareil.

PAULINE.

Il y a un bijoutier près d'ici.

RAOUL.

L'*Escalier de Cristal* est-il loin ?

PAULINE.

Oh! non; tu sais, c'est le magasin où le soir ça brille tant.

LE GRAND-PAPA, *entrant.*

Eh bien, mes chers enfants, vous ne travaillez donc pas? (*Il les embrasse.*) On voit bien que maman n'est pas là, et qu'avec un grand-père qui vous gâte, vous vous croyez en vacances, vous faites les paresseux...

RAOUL.

Grand-papa, c'est aujourd'hui jeudi; Mlle Sidonie ne vient point nous donner notre leçon.

LE GRAND-PAPA.

Alors nous n'avons rien à faire qu'à nous amuser. A quoi jouiez-vous?

RAOUL.

A rien, grand-papa.

LE GRAND-PAPA.

A rien! Est-ce que vos jouets sont brisés?

PAULINE.

Oh! non; nous nous reposions.

LE GRAND-PAPA.

Ah! vous vous reposiez. (*Il rit.*) Eh bien, je vais en faire autant. (*Il s'assied dans son fauteuil.*) Pauline, dis à Nicole de m'apporter un verre d'eau sucrée; je ne sais ce que j'ai mangé ce matin, mais je meurs de soif.

PAULINE, *impétueusement.*

L'eau ne vous vaut rien, grand-père; maman dit que c'est très mauvais entre les repas.

LE GRAND-PAPA.

Mais quand on a soif... Va dire à Nicole...

PAULINE.

Non, grand-papa, je vais plutôt vous faire un peu de thé. L'eau vous ferait du mal.

LE GRAND-PAPA.

Je ne veux point de thé, ma petite, mais tout simplement de l'eau sucrée.

PAULINE.

Comme ça vous fera mal à l'estomac, je ne vais vous en apporter qu'un petit verre; maman m'a chargée de vous soigner, moi.

RAOUL.

Oui, grand-papa, et moi aussi. Va, Pauline; grand-papa n'est pas entêté.

(*Pauline sort un instant.*)

LE GRAND-PAPA, *riant*.

Vous êtes deux petits tyrans.

RAOUL.

C'est que nous vous aimons, grand-papa.

LE GRAND-PAPA.

Chers enfants! (*A part.*) Le moyen de ne pas les gâter!

PAULINE, *apportant un verre à sirop*.

Buvez, grand-papa, c'est assez pour vous désaltérer.

LE GRAND-PAPA.

Merci, docteur. J'aurais préféré mon grand verre. (*Il boit.*) Enfin, puisqu'il faut obéir....

RAOUL, *bas à Pauline*.

J'ai eu une peur!

PAULINE, *bas à Raoul*.

Et mo donc! Crois-tu qu'il n'ait plus soif?

RAOUL.

Non; mais il faudrait l'éloigner; si Nicole revient...

LE GRAND-PAPA.

Qu'est-ce que vous complotez donc, mes chéris?

LE VERRE DE GRAND-PAPA. 15

RAOUL.

Rien... Si, quelque chose; je voudrais de votre papier bleu pour dessiner. En avez-vous, grand-papa?

LE GRAND-PAPA.

Oui.

RAOUL.

Eh bien, permettez-moi d'aller en chercher dans votre cabinet.

LE GRAND-PAPA.

Pour ça, non, tu dérangerais tout, je te connais.

RAOUL.

Quel malheur! J'aurais si bien voulu en avoir!

PAULINE.

Nous aurions copié des images, ça nous amuse beaucoup.

LE GRAND-PAPA, à Raoul.

Viens donc, petit exigeant, je vais t'en donner moi-même.

RAOUL.

Ah! je ne veux pas vous déranger.

LE GRAND-PAPA.

Viens, je lirai mon journal un peu plus tôt. (Ils sortent.

PAULINE, seule.

Si Nicole pouvait venir pendant ce temps-là. Comme elle est longtemps!

RAOUL, rentrant avec le papier.

Je n'ai pas été bête, hein? (Il pose le papier sur un siège.) Grand-papa ne va pas revenir tout de suite.

SCÈNE IV

PAULINE, RAOUL, NICOLE.

PAULINE.

Eh bien, Nicole?

NICOLE.

En v'là des contrariétés; je n'ai ni verre, ni bracelet?

RAOUL.

Tu as perdu le bracelet?

NICOLE.

C'est bien pire... Oh! si on m'y reprend!... V'là que j'entre chez le grand bijoutier qui fait le coin. « Monsieur, que je lui dis, v'là un bracelet à vendre, j'en veux vingt francs. » Le bijoutier le prend, l'examine, le tourne, le retourne, le soupèse dans le creux de sa main; puis il me demande s'il est à moi? J'hésite un peu; mais, pour que ce soit plus tôt fait, je réponds que oui. — Alors il veut que je lui dise mon nom? — Nicole, pardi! que je dis... Puis ce que je fais? ousque je demeure? après, et la rue? faut que je lui dise le numéro... mon âge? est-ce que je sais quoi encore? Enfin des questions à n'en plus finir. Ennuyée, je lui dis à la fin : « Maintenant que vous savez tout, je vous préviens que je veux vingt francs. — Vingt francs ! qu'il répète en me regardant, je le crois bien, il en vaut plus de cent. »

PAULINE.

Plus de cent!

NICOLE.

Ce n'est pas tout... V'là qu'il prend un air... ah! quel

air!... que j'en étais toute démontée. « Allez, qu'il me dit, j'irai chez vous vous en porter le prix. — C'est pas la peine, que je reprends, donnez-moi ce qui m'est dû. » Il ne veut pas. Je me fâche et veux reprendre le bracelet pour que le monsieur ne vienne pas ici. Il refuse et dit : « Je le garde. » Et il l'a gardé.

RAOUL.

Mais c'est un voleur.

NICOLE.

Et bien hardi encore. Je crois qu'il va venir chez nous; car il m'a semblé qu'il me suivait.

PAULINE.

S'il vient, nous sommes perdus, il parlera à grand-papa.

NICOLE.

Me v'là dans de beaux draps ! *(On entend sonner.)*

PAULINE.

On sonne !

NICOLE.

C'est le voleur, bien sûr.

RAOUL.

N'ouvre pas.

NICOLE.

Il va resonner et carillonner; mieux vaut encore voir ce qu'il veut.

(Elle sort.)

SCÈNE V

PAULINE, RAOUL.

PAULINE.

Si grand-papa pouvait s'être endormi !

RAOUL.

Ce n'est pas son heure.

SCÈNE VI

PAULINE, RAOUL, NICOLE, LE BIJOUTIER.

LE BIJOUTIER, *saluant*.

Pardon, je désirerais parler...

PAULINE.

A moi, monsieur; c'est à moi le bracelet; j'avais dit à Nicole d'aller le vendre.

LE BIJOUTIER.

Mademoiselle, il peut être à vous; en tout cas, nous n'achetons pas de bijoux aux personnes de votre âge. Je désirerais donc parler à vos parents.

PAULINE.

Oh! monsieur, je vous en prie, il n'y a ici que grand-papa.

LE BIJOUTIER.

Eh bien, à monsieur votre grand-papa, mademoiselle.

PAULINE.

C'est qu'il ne faut pas qu'il le sache.

RAOUL.

Si maman était ici, vous lui parleriez, et ça nous serait égal.

PAULINE

C'est pour le verre à grand-papa, monsieur, son verre de cristal.

RAOUL.

Qui coûte vingt francs.

NICOLE.

Vaut mieux tout conter à monsieur, à monsieur le vol...
(*Elle s'arrête.*)

PAULINE.

Je vais tout vous dire, monsieur. J'ai cassé le beau verre que maman a donné à grand-papa, et Nicole sait que casser un verre, ça porte malheur. Si d'avoir cassé celui de grand-papa le rendait malade, jugez quel chagrin j'aurais; il est très bon, grand-papa... puis il tenait tant à son verre! Par bonheur, Nicole en a vu un tout pareil à l'*Escalier de Cristal*; il coûte vingt francs! Monsieur, je vous en supplie, gardez mon bracelet et donnez-moi vingt francs; je serai si heureuse! mais surtout ne dites rien à grand-papa.

LE BIJOUTIER.

Mais, ma petite demoiselle, si ce bracelet était à madame votre maman?

PAULINE.

A maman! Non, monsieur, il est à moi; c'est mon oncle Paul qui me l'a donné.

RAOUL.

Et il m'a donné à moi une montre; mais maman la garde, par ce qu'elle dit que je la briserais en voulant la remonter.

PAULINE.

Vous voyez bien que le bracelet est à moi; j'aime bien mieux m'en passer pour éviter un chagrin à grand-papa.

LE BIJOUTIER.

Ma belle enfant, voici votre bracelet. Je ne puis malheureusement que vous le rendre et non vous l'acheter;

mais soyez tranquille, je vois que vous avez un excellent cœur, je ne dirai rien à monsieur votre grand-père, que je trouve bien heureux d'avoir une petite fille comme vous.

PAULINE.

Mais, monsieur, comment faire? Je ne pourrai pas acheter le verre... Bon papa va être si affligé! Ah!

(*Elle pleure.*)

NICOLE, *au bijoutier*.

Je voyons bien que vous n'êtes pas un voleur comme je l'avions cru quand vous vouliez garder le bracelet, mais tout de même, faut que vous n'ayez pas de cœur de refuser de l'acheter à Mlle Pauline.

SCÈNE VII

Les Mêmes, LE GRAND-PAPA.

PAULINE, *s'essuyant vite les yeux*.

Voilà grand-papa. Oh! monsieur, ne lui dites rien.

LE GRAND-PAPA.

Monsieur, vous désirez... Tiens... c'est M. Bailly. Vous allez bien.

MONSIEUR BAILLY.

Parfaitement, monsieur, je vous remercie.

LE GRAND-PAPA.

Vous venez pour parler à ma fille?

PAULINE, *bas à Raoul*.

Nous sommes perdus! Il va tout lui dire.

MONSIEUR BAILLY.

Mme Desbrosses va bien?

LE VERRE DE GRAND-PAPA.

VOILA GRAND-PAPA. OH! MONSIEUR, NE LUI DITES RIEN.

LE GRAND-PAPA.

Très bien; elle est près de sa sœur qui vient de lui donner une nièce dont elle est la marraine.

MONSIEUR BAILLY.

Madame votre fille est toujours contente de la parure que je lui ai vendue?

LE GRAND-PAPA.

Elle me reproche d'avoir fait une folie en la lui donnant.

MONSIEUR BAILLY.

Vous avez changé d'appartement; aussi, quand votre petite bonne est venue...

(*Il s'arrête.*)

PAULINE, *bas à Raoul.*

Oh! mon Dieu! il va raconter...

MONSIEUR BAILLY.

Est venue... m'ouvrir... j'ignorais...

LE GRAND-PAPA.

Qu'un de vos clients en remplaçait un autre.

MONSIEUR BAILLY.

C'est cela. Je ne connaissais pas vos charmants petits-enfants...

LE GRAND-PAPA.

Ils sont gentils.

MONSIEUR BAILLY.

Et de plus ils ont un cœur d'or.

LE GRAND-PAPA.

Comment le savez-vous?

MONSIEUR BAILLY.

Nous venons de causer ensemble.

PAULINE, *à part.*

Oh! le méchant!

MONSIEUR BAILLY.

Ils m'ont dit... combien ils vous aimaient. Je vous avouerai que cette charmante demoiselle m'a touché : je n'ai point d'enfant, et je vous assure, monsieur, que je donnerais la moitié de ce que je possède pour en avoir comme les vôtres.

LE GRAND-PAPA.

Vous caressez ma faiblesse... On prétend que je les gâte; je n'ai plus assez d'années devant moi pour me priver de ce plaisir-là.

MONSIEUR BAILLY.

Et vous faites bien, monsieur; mais je vous demande pardon, j'abuse de votre bonté... mes respects...

LE GRAND-PAPA.

Pas du tout.

MONSIEUR BAILLY.

Je suis un peu pressé.

LE GRAND-PAPA.

Alors, au plaisir de vous revoir, monsieur Bailly.

MONSIEUR BAILLY.

Restez, je vous prie. (*Bas à Nicole.*) Venez, j'ai à vous parler.

NICOLE, *à part.*

Le vieux sans cœur.

(*Elle sort avec M. Bailly.*)

PAULINE.

Il ne me plaît pas, ce monsieur-là, quoiqu'il ait envie d'avoir une bonne figure.

SCÈNE VIII

GRAND-PAPA, PAULINE, RAOUL.

LE GRAND-PAPA.

Pourquoi ne te plaît-il pas ? C'est un très brave homme. (*Souriant.*) Vous avez donc causé avec lui ? (*Pauline et Raoul parlent bas ensemble.*) Encore une conspiration. Est-ce qu'il vous manque à présent des crayons ?

RAOUL.

Non, nous avons fini de dessiner.

LE GRAND-PAPA, à *Pauline.*

Qu'as-tu donc, ma petite mignonne ? On dirait que tu as pleuré.

PAULINE.

J'ai quelque chose dans l'œil.

LE GRAND-PAPA.

Voyons donc, viens, ma chérie.

PAULINE.

Oh ! c'est fini.

LE GRAND-PAPA.

Jusqu'à Raoul qui paraît triste.

RAOUL.

Moi, je suis très gai.

LE GRAND-PAPA.

Vous avez peut-être faim. Il est l'heure de dîner, en effet... Dites à Nicole de mettre le couvert ici ; on a tapissé la salle à manger, elle est encore humide.

PAULINE, bas à *Raoul.*

Pauvre grand-papa ! C'est pour nous qu'il pense à l'humidité.

RAOUL, *bas à Pauline.*

Oui, mais dîner là ou là, pour le verre, c'est la même chose. Le cœur m'en bat.

LE GRAND-PAPA.

Décidément, vous avez un secret; dites-le-moi. Je suis sûr que vous désirez quelque chose.

RAOUL.

Oh! rien du tout, grand-papa. Je n'ai jamais tant désiré rien du tout...

PAULINE, *jetant ses bras autour du cou de son grand-père.*

Ah! cher grand-papa!

(*Elle l'embrasse.*)

LE GRAND-PAPA.

Parle, petite enjoleuse, qu'est-ce que tu veux? Ça n'est pas clair, tout cela...

RAOUL *vient se mettre entre ses genoux et l'embrasse*

Oh! cher grand-papa!

LE GRAND-PAPA.

Parlez, parlez. Vous savez bien que je ne sais rien vous refuser.

PAULINE.

Mais nous vous embrassons, parce que nous vous aimons, grand-père!

LE GRAND-PAPA, *attendri.*

Et moi aussi, je vous aime, mes chéris, mes chers petits trésors. Ainsi, bien sûr, vous ne désirez rien?

RAOUL.

Rien du tout, excepté que vous soyez content.

LE GRAND-PAPA.

Et excepté aussi le dîner, je suppose.

PAULINE.

Non, grand-père, je n'ai pas faim aujourd'hui; on peut être contente sans manger.

RAOUL.

Je n'ai pas faim non plus, je suis comme Pauline; on peut bien se passer de dîner.

LE GRAND-PAPA.

Allons, allons! l'appétit viendra en mangeant. Pendant que nous serons à table, j'enverrai chercher des gâteaux. *(Il appelle.)* Nicole! Nicole!

NICOLE, *répondant de la coulisse.*

Je viens, monsieur, je viens.

(Pauline et Raoul se reculent consternés.)

SCÈNE IX

LES PRÉCÉDENTS, NICOLE *portant un plateau. Au milieu est un grand verre qu'elle prend et qu'elle pose sur la table. Pauline et Raoul jettent un cri.*

LE GRAND-PAPA.

Qu'est-ce que c'est?

(Raoul et Pauline frappent des mains.)

PAULINE.

Quel bonheur!

LE GRAND-PAPA.

Quoi donc?

RAOUL.

De dîner ici, grand-papa. *(Pauline et lui sautent de joie.)* Que je suis content!

LE GRAND-PAPA, *s'asseyant à table.*

Allons, bon! Changement à vue. Y a-t-il rien de plus mobile que les enfants? tout à l'heure ils n'avaient pas faim, et les voilà tous les deux le bec tout grand ouvert...

(*Nicole pose le verre devant le grand-papa.*) Prends garde de me casser mon verre, Nicole.

NICOLE.

Oh! il n'y a pas de risque! on n'en retrouverait pas un pareil.

PAULINE.

Grand-papa, au dessert, vous y mettrez du vin pur; et aussi dans les nôtres, et nous boirons à votre santé.

LE GRAND-PAPA.

Et aussi à la vôtre, mes chers petits enfants.

(*Pendant que le grand-père boit.*)

RAOUL, *bas à Pauline.*

Je n'ai pas peur du tout, pour quand maman sera revenue, nous lui dirons tout, tout, et elle comprendra...

PAULINE, *bas à Raoul.*

Bien sûr, elle est si bonne!

L'INSTITUTRICE

PERSONNAGES :

Mlle MARIE. — THÉRÈSE. — TRISTAN. — Mme LEFORT.

Une salle d'étude, table, livres, cartes de géographie.

SCÈNE PREMIÈRE

MADEMOISELLE MARIE, *accoudée sur la table, paraît réfléchir et pousse un gros soupir.*

Toujours me plaindre à Mme Lefort de ses enfants, cela finira par la fatiguer, quoiqu'elle soit la raison et la bonté mêmes. Il vaut mieux lui dire ma résolution de partir, afin qu'elle ait le temps de leur chercher une autre institutrice. (*Elle se lève.*) Il est trop pénible pour moi de faire de mon mieux et de ne pas réussir, de ne trouver chez mes deux élèves que désobéissance et révolte. Je ne les crois pas méchants au fond, mais ils me rendent trop malheureuse. Pourquoi ne puis-je m'en faire aimer ? Je ne suis ni violente ni injuste, mais je suis peut-être trop jeune pour leur inspirer de la crainte et me faire obéir. Depuis huit jours ils ne veulent plus étudier ; ils abusent de ma patience. Si je restais avec eux, ils s'habitueraient à la paresse et aux mauvais sentiments : il vaut mieux (pour eux, sinon pour moi) que je m'en aille. Que va dire ma pauvre mère, qui vit de ce que je gagne ici ? Elle trouvera que je manque de courage ; non, puisque je ne puis être utile à ces deux enfants, c'est par conscience que je pars. Ah ! s'ils savaient le mal qu'ils me font en me mettant dans l'impossibilité d'aider ma mère, ils seraient meilleurs pour moi ; cet âge serait-il vraiment sans pitié, comme l'a dit La Fontaine ? Allons ! c'est décidé, je parlerai à Mme Lefort après ma dernière leçon, puis je partirai. (On entend des rires et des cris joyeux d'enfants.) Ils s'amusent et moi je pleure ! J'aurais été si heureuse s'ils m'avaient aimée !

SCÈNE II

MADEMOISELLE MARIE ; TRISTAN *entre en jouant au ballon*, THÉRÈSE, *au cerceau.*

MADEMOISELLE MARIE.

Il est l'heure de travailler, mes enfants, laissez vos jouets. (Tristan continue, ainsi que sa sœur, dirigeant le ballon du côté de Mlle Marie, et Thérèse son cerceau.) Je veux croire que votre intention n'est pas de m'offenser. (Elle prend le ballon et le cerceau et les met de côté.) Maintenant, prenez votre livre, Tristan, et vous, Thérèse, asseyez-vous là pour copier cette page d'écri-

ture. (*Tristan prend le livre et le fait sauter en l'air. Thérèse rit aux éclats.*)
Tristan, je vous supplie d'être raisonnable.

TRISTAN.

C'est ennuyeux d'apprendre à lire. (*Il ouvre le livre.*)

MADEMOISELLE MARIE.

Mais c'est utile, c'est nécessaire; vous ne pouvez rester ignorant. Venez près de moi. Je vais vous faire lire, puis je vous interrogerai.

TRISTAN.

J'ai déjà lu ce matin.

MADEMOISELLE MARIE.

Vous avez lu très mal. (*Il vient de mauvaise grâce.*) Commencez là; à cette ligne, vous voyez.

(*Tristan, au lieu de regarder, attrape une mouche.*)

TRISTAN.

J'ai la mouche, Thérèse.

MADEMOISELLE MARIE.

Nous ne sommes pas ici pour faire la chasse aux mouches, mais pour lire. Vous tenez votre livre à l'envers.

TRISTAN, *lisant*.

La sou-sou-mi-mi.

THÉRÈSE, *riant*.

Ah! ah! ah! mimi, c'est donc un chat.

MADEMOISELLE MARIE.

Laissez lire votre frère...

TRISTAN.

Mi-ssion.

MADEMOISELLE MARIE.

La soumission.

TRISTAN.

Cou-ra-ra.

THÉRÈSE, *riant.*

Au rat, au rat, au rat.

MADEMOISELLE MARIE.

Thérèse, si vous continuez, je vous punirai.

TRISTAN.

Cou-ra-geuse... Oh! (*Il bâille.*) Jusqu'où vais-je lire, mademoiselle?

MADEMOISELLE MARIE.

Jusque-là. Vous n'avez lu que deux mots.

TRISTAN.

C'est trop; ça me fait mal aux yeux. Je ne veux plus lire.

MADEMOISELLE MARIE.

Comment, vous ne voulez plus lire?

TRISTAN.

Non. J'ai déjà lu ce matin. (*A Thérèse.*) Tiens, tu fais des cocottes?

THÉRÈSE *souffle sur les cocottes en papier qui s'éparpillent.*

Regarde, Tristan.

MADEMOISELLE MARIE.

Si vous ne voulez pas étudier...

TRISTAN.

Si, nous voulons bien; vous allez encore le dire à maman.

THÉRÈSE.

Je n'ai pas pu écrire, ma plume est trop mauvaise. (*Elle frappe la table avec le bout de sa plume.*) J'en veux une autre.

TRISTAN.

Fallait pas la casser, je l'aurais mise au bout de mes flèches.

MADEMOISELLE MARIE, *donnant une plume à Thérèse,
puis regardant le papier.*

En voici d'une autre... Comment, vous avez mis de l'encre partout sur la page!

TRISTAN *court voir.*

C'est une vraie pâtissière que Thérèse! En voilà des pâtés!... C'est drôle. (Il rit.)

THÉRÈSE.

Mademoiselle, j'ai les doigts fatigués... je ne peux pas écrire, j'aime mieux faire autre chose.

MADEMOISELLE MARIE.

C'est-à-dire que vous ne voulez rien faire du tout. Vous comprenez que je ne puis vous faire travailler si vous n'avez ni attention ni bonne volonté...

THÉRÈSE.

Vous n'êtes jamais contente, mademoiselle ; n'est-ce pas, Tristan? Elle nous gronde toujours. Eh bien, puisque c'est comme ça, nous ne ferons plus rien, là, rien.

MADEMOISELLE MARIE.

Alors, je n'ai plus qu'à vous quitter. J'ai été douce, patiente longtemps, puis j'ai dû, bien à regret, essayer de la sévérité, et vous manquez de respect et de justice envers moi; c'en est assez, mon courage est à bout.

THÉRÈSE.

Interrogez-moi sur le déluge, s'il vous plaît.

MADEMOISELLE MARIE.

Non, écrivez; et vous, Tristan, venez lire, ou je m'en vais.

THÉRÈSE.

Je n'écrirai pas. Je veux réciter le déluge.

TRISTAN.

Et moi, je ne veux plus lire. Dites-le à maman si vous voulez. *(Il jette le livre à terre, et Thérèse jette son papier en l'air.)*

MADEMOISELLE MARIE.

Adieu donc! *(Elle sort.)*

SCÈNE III

THÉRÈSE, TRISTAN

THÉRÈSE.

Tra la la! nous avons congé.

TRISTAN.

Il faudra tous les jours l'ennuyer; comme ça nous aurons congé tous les jours.

THÉRÈSE.

Oui, mais elle se plaindra, et maman lui donne toujours raison.

TRISTAN.

Il n'y a pas de plaisir avec elle; elle nous empêche d'aller dans le petit ruisseau, en disant qu'il ne faut pas se mouiller les pieds; elle veut toujours nous faire laver les mains quand elles ont un tout petit peu de terre. Si nous courons beaucoup et que nous ayons trop chaud, elle ne veut pas que nous buvions de l'eau fraîche; nous ne faisons pas du tout ce que nous voulons.

THÉRÈSE.

Elle est toujours après nous pour nous faire travailler, travailler.

TRISTAN.

Ce n'est pas pour de bon, n'est-ce pas, qu'elle nous a dit adieu?

L'INSTITUTRICE.

ADIEU DONC!

THÉRÈSE.

Oh! non.

TRISTAN.

Elle est fâchée; c'est qu'aussi nous n'avons pas été très sages; nous ne le sommes pas du tout. C'est Gaston qui nous a dit que nous étions bien bons d'étudier, qu'il valait bien mieux s'amuser, qu'il avait envoyé promener son précepteur...

THÉRÈSE.

Maman dit que Gaston est un mauvais petit garçon qui fait beaucoup de peine à ses parents.

TRISTAN.

Il nous a monté la tête, c'est vrai.

THÉRÈSE.

Tristan, je crois que nous avons eu tort de tant tourmenter mademoiselle, car enfin il faut bien apprendre.

TRISTAN.

Pourquoi?

THÉRÈSE.

Mais tout le monde sait lire et écrire.

TRISTAN.

Ah bah!

THÉRÈSE.

On se moquerait de nous si nous ne savions pas lire.

TRISTAN, *sérieux*.

J'ai peur que mademoiselle ne soit triste; il me semble qu'elle pleurait.

THÉRÈSE.

Oh! tu crois?

TRISTAN.

Oui, j'ai peur que nous ne lui ayons fait du chagrin.

THÉRÈSE.

Je ne sais pas. Nous ne voulions pas lui en faire... Demain, nous lui obéirons, si tu veux.

TRISTAN.

Oui, je lirai tout une page, et j'apprendrai très bien ma fable.

THÉRÈSE.

Dans le commencement, elle jouait avec nous.

TRISTAN.

Oh! elle n'est pas méchante.

THÉRÈSE.

Je voudrais qu'elle nous laissât rire, c'est si ennuyeux d'étudier!

TRISTAN.

Tant pis! Si elle est fâchée, ça m'est égal.

THÉRÈSE.

Je suis sûre qu'elle est allée trouver maman pour nous faire punir. Alors elle verra... nous la tourmenterons joliment.

TRISTAN.

C'est la voix de maman... Elle l'amène ici.

THÉRÈSE.

Cachons-nous.

(Ils se blottissent derrière le rideau.)

SCÈNE IV

Les Mêmes *cachés*, MADEMOISELLE MARIE,
MADAME LEFORT.

MADAME LEFORT.

Ils se seront sauvés dans le jardin. Mais, chère demoiselle Marie, je vous en prie, s'ils se montrent repentants, ne nous quittez pas. J'ai une parfaite confiance en vous, et, de plus, vous m'inspirez une véritable affection.

MADEMOISELLE MARIE.

Ah! madame, que vous êtes bonne, et combien vos paroles me touchent! Je ne serai digne des sentiments que vous voulez bien m'exprimer, qu'en persistant dans ma résolution de partir. Je n'ai aucun empire sur l'esprit de vos deux enfants, j'ai tout fait pour gagner leur cœur, mais inutilement. J'espérais toujours ; mais, depuis quelque temps, on dirait qu'un esprit de révolte a soufflé sur eux.

MADAME LEFORT.

Les croyez-vous méchants?

MADEMOISELLE MARIE.

Non, madame, non; mais j'ai eu le malheur de ne pouvoir parvenir à m'en faire aimer. Je les ai vus au début aimables, soumis, caressants, sincères ; mais ils sont bien changés. Est-ce de ma faute? Je ne le crois pas.

MADAME LEFORT.

Pardonnez-moi de toucher à un sujet aussi délicat; mais votre mère... mon enfant?

MADEMOISELLE MARIE.

Oui, madame; ma mère, veuve d'un officier sans fortune, a besoin de ce que je gagne, mais Dieu aura pitié de nous! Je vous assure, madame, que c'est par raison, par dévouement pour Tristan et pour Thérèse que je m'en vais; une autre, plus âgée que moi, aura peut-être plus de talent pour les faire travailler. Ah! j'ai le cœur déchiré. Me séparer de vous, madame, est un si grand chagrin. J'aurais voulu rendre mes élèves dignes de vous... Ma pauvre mère va avoir tant de peine! Mais ces enfants, que je voulais aimer, ne m'aimeront jamais.

TRISTAN *et* THÉRÈSE *se montrent en pleurant.*

Si, mademoiselle, si, nous vous aimerons.

THÉRÈSE.

Pardon, pardon, nous étudierons bien.

TRISTAN.

Et nous serons très obéissants.

(*Tous les deux la tiennent embrassée.*)

MADEMOISELLE MARIE.

Chers petits! mes chers enfants! Voyez, madame, ils sont bons; c'est donc moi qui manque des qualités nécessaires pour arriver à leur cœur.

MADAME LEFORT.

Vous nous restez, Marie.

TRISTAN.

Oui, oui, elle reste! Ah! comme je vais bien apprendre!

MADAME LEFORT.

Souvenez-vous, mes chéris, qu'une bonne institutrice est une grande sœur, une seconde mère.

MADEMOISELLE MARIE.

Ah! je suis bien heureuse!

TRISTAN.

Et votre maman le sera aussi, et maman aussi, et Thérèse et moi aussi, et tout le monde.

THÉRÈSE.

C'est bien meilleur d'être sage, n'est-ce pas, Tristan?

TRISTAN.

Oh! oui, et nous le serons toujours, je le jure! Nous n'écouterons plus Gaston, c'est fini.

(Il étend sa petite main.)

LA MENDIANTE

PERSONNAGES :

CHARLES. — FRANÇOISE, cuisinière. **— SUZANNE.
EUGÉNIE. — Mlle LAURE. — MARIE.**

Un salon avec table, fauteuils, portes au fond et à droite. — Fenêtre.

SCÈNE PREMIÈRE
CHARLES, EUGÉNIE, MADEMOISELLE LAURE, FRANÇOISE.

(*Charles dessine, Eugénie découpe des images. — Mademoiselle Laure est assise près de la fenêtre. Françoise, vêtue de noir, est debout, avec un visage rigide et triste.*)

MADEMOISELLE LAURE.

Françoise, ma sœur arrive demain; faites ce soir le pâté afin qu'il soit froid. Gardez aussi pour demain le rôti de chevreuil.

CHARLES.

Tante, commande aussi de faire un gâteau.

MADEMOISELLE LAURE.

Françoise, vous ferez une tarte aux fruits.

(*Françoise se retire sans dire un mot.*)

CHARLES *lui crie :*

Très sucrée, fais-la très sucrée.

(*Mademoiselle Laure se remet à lire.*)

EUGÉNIE.

Elle ne t'écoute seulement pas. Est-elle désagréable ! Quel air de mauvaise humeur !

CHARLES, *riant.*

Ton air à toi n'est pas toujours charmant.

EUGÉNIE.

Tu n'as jamais que des choses désagréables à me dire. Il n'en est pas moins vrai que Françoise a l'air très maussade.

MADEMOISELLE LAURE.

Non; elle a l'air triste, la pauvre femme, bien triste, et on ne saurait s'en étonner.

CHARLES.

Je crois bien, après que sa fille, qu'elle aimait tant, a été brûlée dans un incendie. C'est horrible, cela...

EUGÉNIE.

Sans doute, mais nous n'en sommes pas cause, et il n'y a pas de raison pour que tout le monde en souffre de son malheur. Depuis, elle déteste tous les enfants.

MADEMOISELLE LAURE.

Ils lui rappellent celle qu'elle a perdue.

EUGÉNIE.

Moi et Suzanne, nous ne pouvons plus aller à la cuisine ; elle nous regarde d'un air à nous faire sauver à une lieue, et, quand nous lui adressons la parole, elle ne daigne seulement pas nous répondre.

CHARLES.

Eh bien! n'y allez pas; ce n'est pas votre place. N'est-ce pas, ma tante?

MADEMOISELLE LAURE, *levant la tête.*

Que dites-vous? Parlez-vous de Suzanne? Comme elle est longtemps à rentrer.

EUGÉNIE.

Elle est allée chercher des œufs au moulin, elle se sera amusée avec notre bonne, qui n'est pas plus raisonnable qu'elle; elles auront laissé tomber le panier et cassé les œufs.

CHARLES.

Ils seront tout prêts pour faire une omelette. Eugénie, toi qui remarques tout, remarques-tu que tu n'es pas bonne; tu supposes toujours le mal. Pourquoi accuser ma sœur d'avoir cassé les œufs? Qu'est-ce que tu en sais?

EUGÉNIE.

Ah! je sais que ta sœur est une des sept merveilles du monde, et que moi, ta cousine...

CHARLES, *l'interrompant.*

Tu ne seras jamais la huitième.

MADEMOISELLE LAURE.

Vous vous querellez sans cesse; vous feriez mieux de ne pas vous parler, et encore bien mieux de vous corriger.

EUGÉNIE.

C'est de sa faute; il trouve mal tout ce que je dis.

CHARLES.

Parce que tu as tort de le dire.

MADEMOISELLE LAURE.

Vous êtes vraiment insupportables. Charles est taquin, mais toi, Eugénie, tu n'es ni douce ni indulgente... Ah ! j'entends la voix de Suzanne.

SCÈNE II

Les Précédents, SUZANNE.

SUZANNE.

Tante, chère tante, voulez-vous bien qu'elle entre ici... elle meurt de faim.

MADEMOISELLE LAURE.

Qui donc meurt de faim ?

EUGÉNIE.

Son chien ou la chatte.

SUZANNE.

Oh! non, c'est une pauvre petite fille que nous avons trouvée étendue par terre devant la porte, à demi évanouie.

MADEMOISELLE LAURE.

Il faut lui porter vite à manger.

CHARLES, *se levant.*

Du bouillon et du vin. Pas de pain tout de suite, cela lui ferait mal.

SUZANNE.

Je lui ai donné des pastilles de chocolat que j'avais dans ma poche, elle ne pouvait pas seulement les avaler. Tante, laissez-moi l'amener ici.

EUGÉNIE.

Elle est sans doute en haillons.

SUZANNE.

Oui, sa jupe est déchirée, ses pieds nus sont en sang.

EUGÉNIE.

Et tu veux la faire entrer au salon pour gâter les meubles.

CHARLES.

Je lui donnerai ma chaise et mes pantoufles.

MADEMOISELLE LAURE.

Ne pourrait-on pas lui venir en aide sans qu'elle entre ici?

SUZANNE.

C'est qu'elle grelotte de froid.

EUGÉNIE.

Conduis-la à la cuisine.

SUZANNE.

Tu oublies le chagrin de Françoise ; sa vue lui ferait trop d'impression. Oh! tante, si vous la voyiez...

MADEMOISELLE LAURE.

Ce n'est peut-être qu'une petite coureuse. Mais si elle souffre, ce n'est pas une raison pour ne pas lui venir en aide.

SUZANNE.

Non, non; elle paraît très honnête. Elle a une jolie figure, de bons yeux. Oh! tante, je vous en prie, laissez-la venir pour qu'elle se réchauffe.

CHARLES.

Tante y consent... Allons la chercher.

MADEMOISELLE LAURE.

Le plus pressé serait de lui donner du bouillon... Attendez, je vais en apporter.

Elle sort.)

CHARLES.

Elle le prendra ici. Viens, Suzanne.

SUZANNE.

Mon petit Charles, tu es bon, toi.

(Charles et Suzanne sortent.)

SCÈNE III

EUGÉNIE, *puis* MADEMOISELLE LAURE.

EUGÉNIE, *seule.*

Cela veut dire que je ne le suis pas, moi, parce que je ne fais pas la charité d'une façon ridicule; car c'est ridicule de mettre une mendiante dans un fauteuil en soie; il va être propre, après.

MADEMOISELLE LAURE, *rentrant avec un bol.*

Où sont-ils?

EUGÉNIE.

A chercher la pauvresse.

MADEMOISELLE LAURE *pose le bol sur la table.*

Les chers enfants! Quels bons petits cœurs!

EUGÉNIE.

Ne pouvaient-ils lui porter ce bouillon sans la faire entrer au salon. Ça n'a pas le sens commun. Si c'était une voleuse... Une petite fille qui court comme ça les grands chemins, on peut s'en méfier.

MADEMOISELLE LAURE.

Vraiment, Eugénie, Charles avait raison, tu n'es pas bonne. A ton âge, un élan bienfaisant vaudrait mieux que tant de prudence... Plus tard, je crains bien que personne ne t'aime.

EUGÉNIE.

Pourquoi donc?

MADEMOISELLE LAURE.

Parce qu'en fait d'affection, on ne reçoit que ce que l'on donne.

SCÈNE IV

MADEMOISELLE LAURE, EUGÉNIE, CHARLES, SUZANNE.

(Les deux derniers soutiennent une petite fille aux vêtements en désordre et le visage tout pâle.)

SUZANNE.

Assieds-toi là, ma petite. *(Elle la mène à un siège où Marie tombe.)* Comme elle est pâle!

MADEMOISELLE LAURE.

Tiens, mon enfant, prends ce bouillon d'abord; cela va te remettre.

MARIE.

Je ne peux pas.

SUZANNE.

Elle tremble de froid. Voyons, essaye de boire. *(Marie boit.)* Cela te fait du bien, n'est-ce pas?

MARIE.

Oh! oui.

CHARLES.

Je suis sûr qu'elle a encore faim. Je vais aller lui chercher un biscuit.

MARIE.

Oh! non; du pain plutôt, s'il vous plaît.

EUGÉNIE.

Tu la crois aussi gourmande que toi.

MARIE.

Je vous remercie bien, mes bonnes dames...

CHARLES.

Je vais lui chercher une petite tranche du filet de ce matin. *(Il sort.)*

MADEMOISELLE LAURE.

Vous prendrez bien encore quelque chose. Vous avez encore faim, n'est-ce pas?

MARIE.

Je ne sais pas. Je suis si lasse !

SUZANNE.

Tu as donc beaucoup marché?

MARIE.

Oh! oui, beaucoup.

CHARLES *revient avec une tranche de filet.*

Tiens, mange... il le faut.

SUZANNE.

Oui, il le faut.

MARIE.

Je le veux bien.

(Elle mange avec avidité.)

EUGÉNIE.

Allons! elle n'est pas bien malade.

MADEMOISELLE LAURE.

Plus doucement, petite; tu pourrais te faire du mal.

SUZANNE.

Tu vois, tante, elle mourait de faim.

CHARLES.

Voilà un peu de vin. Bois, maintenant.

MARIE, *après avoir bu, se lève.*

Je vous remercie bien tous de votre bon cœur ; je vais maintenant me remettre en route... Que le bon Dieu vous bénisse !

(*Elle s'appuie au fauteuil en chancelant.*)

SUZANNE.

Repose-toi encore... Tu ne peux pas t'en aller si vite.

MARIE.

Je ne veux pas perdre de temps, madame ; j'aurais trop peur de ne pas arriver. Pourriez-vous me dire dans quel pays je suis ?

MADEMOISELLE LAURE.

Comment, tu ne sais pas où tu es. D'où viens-tu donc ?

MARIE.

De bien loin...

SUZANNE.

Où vas-tu ?

MARIE.

Près de Vitré.

SUZANNE.

Vitré est tout près d'ici... Regarde par la fenêtre, tu vois le clocher de l'église.

MARIE.

Ah ! quel bonheur ! car voyez-vous, je me sens à bout de courage, je ne sais pas depuis combien de jours je suis en route, tant j'ai eu de misère... Ma mère ne va plus me reconnaître avec ces vêtements sales et déchirés...

SUZANNE.

Ta mère est donc à Vitré, et toi tu vas la retrouver ?

MARIE.

Oui, mademoiselle.

MADEMOISELLE LAURE.

Mais d'où viens-tu ainsi toute seule ?

MARIE.

De là-bas. Il doit y avoir bien des lieues, allez...

MADEMOISELLE LAURE.

Tu es venue à pied ?

MARIE.

Oui, en mendiant, en couchant souvent dehors sur la terre; j'ai trouvé pourtant quelquefois de braves gens qui me laissaient passer la nuit dans leur grange et qui me donnaient de la soupe, puis me souhaitaient bonne chance. Mais j'ai bien pleuré un jour qu'une méchante femme m'a chassée de sa cour en lançant son chien après moi et m'appelant — voleuse. — Moi, voleuse ! Je n'ai jamais rien pris à personne.

MADEMOISELLE LAURE.

Tu ne nous dis pas pourquoi tu as fait tout ce grand voyage; une enfant de ton âge ne s'en va pas ainsi toute seule. Pourquoi ta mère t'a-t-elle abandonnée ?

MARIE.

Ma mère ne m'a pas abandonnée... elle me laissait chez ma grand'mère, parce qu'elle ne pouvait être avec nous. Elle gagnait pour nous, mais pas dans le pays. Elle est en place.

MADEMOISELLE LAURE.

Voyons, dis-nous ton histoire. Comment t'appelles-tu ?

MARIE.

Marie... Ah ! Seigneur, mon histoire... Je ne peux pas

y penser... J'en tremble encore, voyez-vous... Eh bien, voilà qu'un soir... oh! quel soir!... Je me couche et je suis réveillée par une grande clarté... C'était comme le jour... Je sens une odeur de brûlé qui me prend à la gorge, je cours à ma grand'mère... Oh! Seigneur Dieu! son lit était en flamme! Je veux m'approcher, je l'appelle... car les flammes me repoussaient... Voilà que le lit s'effondre... et... et... Ah! comment dire cela? ma grand'mère! elle disparait toute noire, brûlée... morte... morte!

SUZANNE.

Ah! mon Dieu!

EUGÉNIE.

Comment, elle a vu cela, cette petite! Est-ce croyable?

MADEMOISELLE LAURE, *faisant signe de la main à Eugénie de se taire.*

Oui, c'est affreux. Pauvre enfant! Mais tu as crié au secours!

MARIE.

Ah bien oui! au secours! Notre chaumière était loin, loin de toutes les autres. Non, non, je n'ai point crié. Je me suis sauvée, courant, courant... puis je suis tombée. Je crois que j'ai perdu la tête alors, car je ne sais pas combien de temps je suis restée comme ça.

MADEMOISELLE LAURE.

Et personne n'est-il venu à ton secours?

MARIE.

Je ne crois pas. Quand j'ai rouvert les yeux, je ne savais plus où j'étais... J'ai pensé à ma mère... Je veux la voir, que je me suis dit... Je veux la voir... Alors, je me suis mise à marcher, craignant que quelqu'un voulût me

LA MENDIANTE.

retenir. Oui, j'ai marché, marché... Ah! tant marché...

MADEMOISELLE LAURE.

Dis-moi... (*A part.*) Serait-il possible... Ce récit... son âge... cet incendie... (*Haut.*) Dis-moi le nom de ta mère.

MARIE.

Ma mère s'appelle Françoise.

MADEMOISELLE LAURE.

Grand Dieu!... Elle est?...

MARIE.

Au château de Kervan.

SUZANNE.

Ici.

CHARLES.

Chez nous...

MARIE.

Chez vous... (*Elle crie.*) Maman!

MADEMOISELLE LAURE.

Tais-toi, mon enfant, je t'en prie.

SUZANNE.

Je cours la chercher...

MADEMOISELLE LAURE.

Non, non, Françoise pourrait mourir de joie... Laissez-moi l'y préparer... Emmenez sa fille dans votre chambre. Je vous préviendrai quand il en sera temps. Habillez-la convenablement.

MARIE.

Ah! madame, je voudrais voir maman!

MADEMOISELLE LAURE.

Sois tranquille, tu la verras bientôt, mon enfant. Mais on lui a dit, à la pauvre femme, que tu étais morte dans l'incendie avec ta grand'maman. Elle te pleurait. Un bonheur trop subit lui ferait mal.

MARIE.

Oh! madame, je comprends.

SUZANNE.

Viens avec moi, Marie, je vais te mettre ma robe bleue.

EUGÉNIE *s'est levée subitement; elle a passé derrière l'enfant et l'a embrassée.*

Suzanne, veux-tu me permettre d'aller avec toi?

SUZANNE.

Oui, viens, viens!

MADEMOISELLE LAURE.

A la bonne heure!

(Elles sortent.)

CHARLES.

Moi, je vais dire à Françoise que vous la demandez.

MADEMOISELLE LAURE.

Prends garde que ton air...

CHARLES.

N'ayez pas peur... un vrai masque. Elle ne se doutera de rien.

(Il sort.)

SCÈNE V

MADEMOISELLE LAURE, puis FRANÇOISE.

MADEMOISELLE LAURE.

Il faut être calme... Aller pas à pas. Ne pas la faire passer brusquement du désespoir à la joie. Pourvu que ma voix ne trahisse pas l'émotion que je ressens. *(Françoise entre et se tient debout à l'entrée.)* Venez, ma bonne Françoise, j'ai à vous parler. *(Françoise avance de quelques pas.)* Vous sentez-vous un peu plus forte contre vos tristes pensées? Vous me paraissez souffrante.

FRANÇOISE.

Pas assez pour mourir, malheureusement.

MADEMOISELLE LAURE.

Ce n'est pas raisonnable de désirer la mort. C'est mal.

FRANÇOISE.

Pourquoi donc, quand on n'a plus rien à espérer dans ce monde.

MADEMOISELLE LAURE.

On doit toujours espérer dans la bonté de Dieu. Nul ne sait ce qu'il lui garde.

FRANÇOISE.

Ce qu'il me garde à moi! Que peut-il donc me garder? Ma mère est morte, ma fille aussi. Même ma fille, il me l'a prise, ma fille! ma petite fille!

(Elle se couvre la tête avec son tablier.)

MADEMOISELLE LAURE.

N'avez-vous jamais pensé qu'elle pouvait avoir été épargnée par l'incendie. On n'a rien découvert qui constatât sa mort.

FRANÇOISE se découvre la tête.

Pourquoi voulez-vous que je m'abuse? Pourquoi cherchez-vous à me consoler? Que serait-elle devenue depuis? Mon enfant, mon unique enfant est morte... Laissez-moi la pleurer et ne souhaitez pour moi qu'une chose, c'est que j'aille la rejoindre.

MADEMOISELLE LAURE, avec force et bonté.

Écoutez, Françoise, plus je réfléchis à tout ce qu'on vous a raconté, plus je vous dis qu'il n'y a rien d'impossible à ce qu'elle soit encore vivante. De votre mère il est resté quelque chose; si l'on n'a trouvé aucun vestige de votre pauvre enfant, c'est que probablement un hasard heureux lui a permis d'échapper. Qui sait si un jour...

FRANÇOISE.

Ne me parlez pas ainsi... Vous ignorez donc ce que c'est qu'un cœur brisé... Que lui font les paroles!

MADEMOISELLE LAURE.

Si je ne craignais de trop vous émouvoir, je vous dirais...

FRANÇOISE.

Vous ne voulez pas que j'espère, n'est-ce pas? pour retomber ensuite.... Non, ce serait encore plus cruel.

MADEMOISELLE LAURE.

Si, ma bonne Françoise, je veux... je voudrais que vous espériez.

FRANÇOISE.

Vous voulez que j'espère!... Vous, mademoiselle Laure, une personne si judicieuse et si raisonnable... *(Elle s'arrête un instant la tête baissée, puis tout à coup la relève.)* Mademoiselle Laure, une personne comme vous ne me parlerait pourtant pas ainsi si quelque chose... *(Elle regarde Mlle Laure dans les yeux.)* Vos yeux, votre voix... non, non, je suis folle... Espérer! Vous me dites d'espérer, à moi! *(Elle lui saisit la main, puis la rejette.)* Ah! je suis folle!

MADEMOISELLE LAURE.

Non, vous n'êtes pas folle, Françoise. Nous ne sommes folles ni l'une ni l'autre.

FRANÇOISE.

Mais alors, mademoiselle, parlez, parlez donc... Vous savez quelque chose... Ma fille, ma petite fille?...

LA MENDIANTE.

MÈRE, ME VOILA!

MADEMOISELLE LAURE.

On croit... on est presque certain qu'elle vit.

FRANÇOISE.

Elle, on croit qu'elle vit... On en est presque certain... Je vous ai entendue, vous l'avez dit... Vous me faites mourir... Le feu... la maison écroulée...

MADEMOISELLE LAURE.

L'ont épargnée... Je l'ai vue.

FRANÇOISE, *tombant à genoux.*

Dieu tout-puissant... elle vivrait.... (*Elle se relève.*) Où est-elle? Ma fille, ma fille!

SCÈNE VI

LES MÊMES, CHARLES, SUZANNE, EUGÉNIE,
puis MARIE.

(*Derrière eux on entend une voix d'enfant.*)

Mère! mère!

MARIE *entre.*

Mère, me voilà!

FRANÇOISE *la saisit dans ses bras en jetant un cri. Puis elle s'éloigne un peu pour la regarder, touche ses cheveux, puis s'écrie :*

Ma fille! (*Elle tombe à genoux devant elle, sanglote en tenant sa fille embrassée et la couvrant de baisers.*) C'est elle! (*Elle s'évanouit.*)

MARIE.

Mère... Elle va mourir! Maman! maman!

FRANÇOISE, *revenant à elle.*

Non, je ne veux plus mourir maintenant. Marie! ma fille! ma Marie! (*Elle la serre contre elle.*)

MARIE, *montrant Suzanne.*

C'est elle qui m'a sauvée, et ce monsieur.

(*Françoise les embrasse.*)

SUZANNE.

Que je suis contente!

MADEMOISELLE LAURE, à *Eugénie qui pleure.*

Tu vois que le bien est doux à faire. N'oublie jamais cette journée.

EUGÉNIE.

Oh! non, et je n'oublierai pas non plus que j'ai été mauvaise et méfiante. Il faut qu'à l'avenir je sois doublement bonne.

CHARLES.

Bravo! nous ne nous disputerons plus jamais.

EUGÉNIE.

Non, jamais.

(*Ils s'embrassent.*)

LE TRIBUNAL

PERSONNAGES :

**AUTRAN. — CAMILLE. — EDMOND. — DENIS. — BERNARD.
ANNA. — LUCE. — UN CHIEN. — UN PETIT PAUVRE.**

Un jardin avec banc et sièges.

SCÈNE PREMIÈRE

TOUS LES ENFANTS *sont réunis.*

AUTRAN, *s'asseyant.*

Nous avons couru tout le temps. Je me repose.

BERNARD.

Moi aussi, je n'en puis plus.

CAMILLE.

Est-ce que nous n'allons plus jouer?

ANNA.

Si, nous allons jouer. Je ne suis point lasse, moi; et toi, Luce?

LUCE.

Je le suis un peu, moi.

CAMILLE.

Voulez-vous jouer aux billes?

AUTRAN et BERNARD.

Non.

EDMOND.

Si nous inventions un jeu nouveau?

DENIS.

Edmond a raison. Inventons un jeu nouveau.

BERNARD.

Lequel?

AUTRAN.

Si nous jouions au *Tribunal?*

LUCE.

Qu'est-ce que c'est que le Tribunal?

AUTRAN.

On juge au Tribunal.

CAMILLE.

Ah! oui, je sais; papa est avocat; ça va être très drôle.

AUTRAN.

Le mien va à l'audience du matin.

ANNA.

Qu'est-ce que c'est que l'audience?

AUTRAN.

C'est quand on juge. J'y suis allé une fois avec maman : c'était fini; mais papa nous a montré la salle et a expliqué tout : où il se mettait, ce que l'on faisait.

CAMILLE.

Je connais ça : il y a un président, un avocat, et un qui dit le contraire.

AUTRAN.

Puis un accusé, puis des messieurs qui parlent.

DENIS, *frappant des mains.*

Jouons au Tribunal.

AUTRAN.

Je serai le président, si vous voulez.

CAMILLE.

Moi l'avocat.

AUTRAN, *à Bernard*

Toi, celui qui se met vis-à-vis.

BERNARD.

Je saurai bien; ma bonne a vu ça une fois; elle me l'a raconté.

DENIS.

Et moi, qu'est-ce que je suis?

ANNA *et* LUCE.

Et nous?

LUCE.

Je serai comme Autran : un président.

AUTRAN.

Non : les femmes écoutent; voilà tout. Mais toi, Denis, que feras-tu, en effet?

DENIS.

Je ne sais pas. Tiens, voilà Sultan, le chien de mon oncle.

ANNA.

Si vous voulez, il sera l'accusé.

TOUS.

Oui, oui. Peux-tu le prendre, Denis?

DENIS.

Oui; il me connaît.

EDMOND.

Et moi aussi.... Sultan! Sultan! (*Le chien va à Edmond, qui le prend.*) Je le tiens.

AUTRAN.

Alors, tu seras le gendarme.

EDMOND.

Oui, je vais me faire un chapeau. Pendant ce temps-là, tiens Sultan, Denis. (*Denis tient le chien. Edmond fait le chapeau en papier.*)

AUTRAN.

Êtes-vous prêts?

TOUS.

Oui, oui.

AUTRAN.

Moi, je m'assieds sur le banc; Camille, mets-toi là. (*Il désigne un siège.*) Et toi, Bernard, vis-à-vis. Edmond près de l'accusé, et tiens-le bien. Je commence. En place, messieurs. Accusé, salue d'abord. (*Edmond abaisse la tête de Sultan.*) Puis lève la patte. (*Edmond prend la patte et la lève.*) C'est bien. Accusé, tu as volé des côtelettes.

CAMILLE.

Je vais répondre pour lui. — C'étaient des côtelettes de loup, monsieur.

AUTRAN, *au chien*.

Tu as mangé un poulet.

CAMILLE.

Non, le poulet s'est mis à picorer après, il ne s'en portait que mieux.

(*Ils rient.*)

LE TRIBUNAL.

TANT PIS, JE LE LACHE.

AUTRAN, *à Bernard.*

Parle donc contre le chien et réponds à Camille.

BERNARD.

Mesdames et Messieurs, ce chien est un animal féroce, il a mordu des enfants.

CAMILLE.

Non, il a léché la main de son maître.

BERNARD.

Il mérite d'être pendu.

DENIS, *au chien.*

Mords-le, mords-le.

EDMOND.

Je suis las de le tenir. Tant pis, je le lâche.

(*Les enfants ont peur et se lèvent pour fuir.*)

DENIS.

Poltrons! (*Au chien.*) Mords-les...

AUTRAN.

Pourquoi l'excites-tu? Il faut respecter les juges... Le voilà qui s'en va maintenant, nous n'avons plus d'accusé.

BERNARD.

Qu'est-ce qui veut l'être?

EDMOND.

Sois l'accusé, Denis, je vais te tenir.

ANNA.

Je veux aussi être une accusée, moi.

AUTRAN.

Tu le peux, les femmes le sont souvent, car il y en a beaucoup de très méchantes. Alors, Denis, tu es un voleur.

DENIS.

Non, je ne veux pas être un voleur.

AUTRAN.

Tu aimes mieux être un assassin?

DENIS.

Non, je ne veux pas être un assassin.

CAMILLE.

Sois un chef de brigands.

DENIS.

Oui.

ANNA.

Moi, je suis la femme du brigand.

CAMILLE.

Vous avez arrêté la diligence et tué tous les voyageurs?

DENIS.

Oui, avec mon sabre.

AUTRAN.

Gendarme, tenez bien l'accusé.

CAMILLE, à Denis.

Tu vas mentir; les brigands mentent toujours pour se défendre.

AUTRAN.

Coquin, qu'as-tu fait?

DENIS.

J'ai fait beaucoup de bien.

ANNA.

Et moi aussi, à tout le monde.

AUTRAN, à Denis.

Tu as arrêté la diligence et tué tous les voyageurs?

DENIS.

Ce n'est pas de ma faute, monsieur; la diligence a failli

m'écraser; un des chevaux avait voulu me mordre, un autre avait essayé de me donner un coup de pied.

CAMILLE.

Alors, pour se défendre, il a mis son sabre à la main, et messieurs les voyageurs se sont tous jetés dessus et embrochés.

(Ils rient.)

AUTRAN.

Vous m'étonnez.

DENIS.

C'est pourtant vrai.

ANNA.

Très vrai, je le jure.

AUTRAN.

Taisez-vous, femme de brigand. (A Bernard.) Parle contre ces coquins-là.

BERNARD se lève.

Regardez quelle mauvaise figure ils ont; c'est la preuve qu'ils sont coupables; une autre preuve, c'est que le gendarme les a arrêtés.

ANNA.

Un gendarme peut se tromper.

EDMOND.

Jamais! Taisez-vous, scélérate.

BERNARD.

Ils ont tué des voyageurs qui se promenaient pour s'amuser, qui l'ont dit au gendarme.

LUCE.

Puisqu'ils étaient morts.

AUTRAN, à Luce.

Le public ne parle pas.

LUCE.

Ce n'est pas amusant de ne rien dire.

AUTRAN.

Ce sont des brigands bons à guillotiner.

DENIS, à Autran.

A la fin, tu diras que je suis innocent.

AUTRAN.

Mais non, puisque tu es accusé et que je te juge.

DENIS.

Ça ne fait rien, tu diras que je suis innocent.

CAMILLE.

Attends, je vais te défendre. — Messieurs et Mesdames, cet homme et cette femme sont de bons pères de famille, ils ont sept enfants qu'il faut nourrir, ils auraient pu tuer les voyageurs, mais ils ne l'ont point fait; ils sont donc innocents, vous le reconnaîtrez, et si vous les faisiez mettre à mort, ils auraient le droit de vous reprocher votre injustice.

DENIS.

Je ne veux pas être mis à mort; ça m'ennuie de m'entendre dire que je suis un coquin.

AUTRAN.

Mais puisque nous jouons.

DENIS.

Ça m'est égal; qu'un autre fasse l'accusé, moi je ne veux plus.

AUTRAN.

Le gendarme va te tenir.

DENIS.

Qu'il y vienne... il peut prendre ma place s'il le veut.

CAMILLE.

Puisque c'est pour rire.

DENIS.

C'est désagréable qu'on vous menace d'être condamné à mort; j'en rêverais la nuit, je ne veux plus jouer à ce jeu-là.

CAMILLE, à *Autran.*

Veux-tu être l'accusé, moi je serai président.

AUTRAN.

Non.

CAMILLE, à *Bernard.*

Et toi ?

BERNARD.

Je ne veux pas.

CAMILLE, à *Luce.*

Veux-tu, Luce ?

LUCE.

Je suis public, moi.

ANNA.

Je ne veux plus non plus, moi, être la femme d'un brigand qui a peur de mourir.

AUTRAN.

C'est ennuyeux de n'avoir à condamner personne.

BERNARD.

Ce n'est pas de ma faute; ça nous eût bien amusés de conduire le brigand au supplice.

DENIS.

Je t'ai dit que je ne veux plus qu'on m'en parle... puisque ça me fait peur. Bien sûr que je vais en rêver, je ne serai jamais un voleur.

CAMILLE.

Est-ce que tu en connais, toi, Autran, des voleurs.

AUTRAN.

Non; mais il y en a.

LUCE.

Si on leur donnait de l'argent, ils ne voleraient plus.

ANNA.

On n'a pas besoin de leur en donner, puisqu'ils le prennent.

SCÈNE II

Les Mêmes, LE PETIT PAUVRE.

LE PETIT PAUVRE.

Un petit sou, s'il vous plaît?

DENIS.

Donnons-lui-en chacun un pour qu'il ne vole pas.

TOUS.

Tiens. *(Ils lui donnent.)*

CAMILLE.

Maintenant que te voilà riche, tu seras très honnête.

LE PETIT PAUVRE.

On peut être honnête sans être riche. Grand-père dit que pauvreté n'est pas vice.

LUCE.

Ton grand-père a raison. Nous te donnerons encore demain, je te le promets.

LE PETIT PAUVRE.

Si vous pouviez m'apprendre à lire, mademoiselle? grand-père dit que je pourrais gagner ma vie.

(Les enfants se consultent et tous s'écrient.)

C'est entendu, viens tous les matins à huit heures, et nous te donnerons une bonne soupe et une bonne leçon.

DENIS.

Ce jeu-là m'amusera plus que le jeu du brigand.

CAMILLE.

Les jeux où on rend les gens contents sont les meilleurs.

LE PETIT PAUVRE *salue et s'en va en disant :*

A demain, Messieurs et Mesdemoiselles ! Grand merci pour la bonne nouvelle que vous me donnez à porter à mon grand-père.

MAMAN NE M'AIME PLUS

PERSONNAGES :

**UN VIEUX COUSIN. — UN MÉDECIN. — MARCELLLE.
LÉONIE. — MADAME DEMIRE. — GENEVIÈVE.**

Un salon. — Porte au fond, fenêtre, paravent formant cabinet ouvert
avec des jouets à terre, petit tabouret, table, etc.

SCÈNE PREMIÈRE
MARCELLE, GENEVIÈVE.

GENEVIÈVE.

Je viens te voir seulement en passant ; ma bonne va venir tout à l'heure me chercher avec la voiture pour ramener ma tante à la maison.

MARCELLE.

Nous aurons à peine le temps de causer, et j'ai pourtant bien des choses à te dire, à toi qui es ma meilleure amie.

GENEVIÈVE.

Nous pouvons jouer un instant avec ta belle poupée, mais nous causerons plus à notre aise une autre fois; aujourd'hui je suis trop pressée.

MARCELLE.

Je ne suis pas en goût de m'amuser avec ma poupée, je suis trop triste.

GENEVIÈVE.

Pourquoi es-tu triste?

MARCELLE.

Tu sais comme j'aime maman? oh! je l'aime plus que tout, je l'adore.

GENEVIÈVE.

Tu es bien heureuse d'avoir une maman, moi je n'ai plus que ma tante.

MARCELLE.

Mais ta tante t'aime, et moi, maman ne m'aime plus!...

GENEVIÈVE.

Ce n'est pas possible.

MARCELLE.

Elle n'aime plus que ma sœur, je le sais bien peut-être. Maman ne s'occupe plus que d'elle, tout est pour elle : soins, caresses et gâteries.

GENEVIÈVE.

Elle t'embrasse souvent, cependant.

MARCELLE.

Elle embrasse ma sœur bien plus souvent et bien plus tendrement que moi : si je ne suis pas de l'avis de Léonie, c'est toujours moi qui ai tort; si je veux jouer avec elle, maman m'ordonne de la laisser tranquille; si je cours ou si je ris, elle dit que je la tourmente; si je lui refuse quelque chose, maman me gronde; elle m'a dit encore ce matin : « Il faut que tu sois bien égoïste pour ne pas prêter ta poupée à ta sœur. »

GENEVIÈVE.

Est-ce que tu as peur qu'elle l'abîme?

MARCELLE.

Non, ce n'est pas ça : si maman m'aimait autant qu'elle, je laisserais ma poupée à Léonie tant qu'elle la voudrait.

GENEVIÈVE.

Pauvre Marcelle, tu es pourtant très bonne.

MARCELLE.

Je l'étais, je ne le suis plus. Tiens, par exemple, ça m'était bien égal d'avoir une belle robe, mais on apporte des manteaux à choisir ; maman en a pris un avec de la fourrure pour ma sœur et pas pour moi. Une fois, nous sommes allées en voiture, il s'est élevé un peu de vent, maman a donné son châle et mon écharpe à Léonie, de peur qu'elle eût froid, sans penser que je pouvais avoir froid aussi bien qu'elle.

GENEVIÈVE.

T'es-tu enrhumée?

MARCELLE.

Oh! non, je ne m'enrhume jamais. Encore : tiens, je sais bien que je ne suis pas jolie; mais crois-tu qu'il soit agréable d'entendre maman dire aux personnes qui viennent la voir : « N'est-ce pas que ma Léonie est gentille et que vous lui trouvez un bon regard? » Et quand on me parle : « Oh ! celle-là, dit-elle, ne m'inquiète guère avec ses joues de pomme d'api. »

GENEVIÈVE.

Mais c'est très bon, les pommes d'api, et très joli.

MARCELLE.

L'autre soir, j'avais passé mes bras autour du cou de maman, Léonie l'a appelée ; maman m'a vite quittée et a couru à ma sœur.

GENEVIÈVE.

Léonie est peut-être malade, elle est si pâle !

MARCELLE.

Non, puisqu'elle mange et dort. On lui donne du reste tout ce qu'elle demande, on fait des plats sucrés exprès pour elle.

GENEVIÈVE.

On t'en donne aussi, à toi ?

MARCELLE.

Oui, après elle.

GENEVIÈVE.

Est-ce que ta sœur est mauvaise pour toi ?

MARCELLE.

Oh ! non, c'est moi maintenant qui ne suis pas bonne pour elle. Je l'aimais beaucoup ; mais depuis que maman la préfère tant, je crois que je la déteste, car j'ai trop de chagrin ! Si tu savais comme je pleure souvent : d'être toujours grondée à cause d'elle, cela me rend maussade ; d'être appelée « mauvais cœur » si peu que je la contrarie, cela me révolte. Si j'ai mauvais cœur, c'est que j'ai toujours le cœur gros. Comment être bonne alors ?

GENEVIÈVE.

Dis-moi, n'as-tu pas fait quelque chose de mal, pour que ta maman t'aime moins ?

MARCELLE.

Non, je te le jure, je n'ai rien fait de mal.

GENEVIÈVE.

Oh ! mon Dieu, Marcelle, j'entends la voiture. On vient me chercher, je reviendrai bientôt.

MARCELLE.

Je n'avais pas encore fini de te conter toutes mes peines.

SCÈNE II

LES MÊMES, MADAME DEMIRE, LÉONIE.

MADAME DEMIRE.

Comment, Geneviève est ici. Bonjour, mon enfant, embrassez donc ma petite Léonie, qui est bien contente de vous voir, n'est-ce pas, chérie ?

LÉONIE.

Oh ! très contente. Vous vous portez bien, Geneviève ?

GENEVIÈVE.

Oui, Léonie, et vous ?

LÉONIE.

Moi, je ne sais pas.

MARCELLE.

Elle va tout à l'heure aller se promener.

MADAME DEMIRE, à Marcelle.

Pourquoi ne venais-tu pas dire à ta sœur que Geneviève était là ?

MAMAN NE M'AIME PLUS.

SERVONS CES DAMES.

MARCELLE.

Nous causions toutes les deux.

MADAME DEMIRE.

Tu sais que Léonie a moins de distractions que toi, qui cours dans le jardin une moitié de la journée.

MARCELLE.

Léonie pourrait bien y venir aussi, si ça l'amusait.

MADAME DEMIRE.

C'est moi qui l'en empêche; je crains qu'elle ne se fatigue, la pauvre mignonne.

MARCELLE.

Et moi?

MADAME DEMIRE.

Oh! toi...

LÉONIE.

Geneviève, maman m'a acheté une poupée aussi belle que celle de ma sœur.

MARCELLE.

Maman t'a acheté une poupée?

GENEVIÈVE.

Tu me la montreras, n'est-ce pas?

LÉONIE.

Oh! certainement. Marcelle, va donc chercher la tienne.

MARCELLE.

Puisque tu en as une.

MADAME DEMIRE.

Je t'ai connue très complaisante, Marcelle; pourquoi ne l'es-tu plus? Pour te prouver que tu as tort, je vais apporter moi-même à Geneviève celle de ta sœur.

(Mme Demire sort un instant.)

SCÈNE III

MARCELLE, LÉONIE, GENEVIÈVE.

MARCELLE, à Léonie.

Je suis encore grondée à cause de toi. Il faudrait que je fusse ta servante, que je t'obéisse à la minute.

LÉONIE.

Ce n'est pas ma faute.

GENEVIÈVE.

Tu n'es pas juste, Marcelle.

MARCELLE.

Pourquoi ne dis-tu pas à maman d'être bonne pour moi comme elle l'est pour toi, et, quand elle t'embrasse, de m'embrasser aussi ?

LÉONIE.

Tu me cherches querelle, Marcelle ? Qu'est-ce que je t'ai fait ?

SCÈNE IV

LES MÊMES, MADAME DEMIRE, rentrant.

MADAME DEMIRE, à Léonie.

Comment, Marcelle te cherche querelle ? (A Marcelle.) Vilaine enfant! (A Léonie.) Ne pleure pas, ma chérie ; tes mains tremblent. Ah ! quel malheur !

UN DOMESTIQUE, entrant.

La voiture attend mademoiselle Geneviève.

(Il sort.)

GENEVIÈVE.

Je suis obligée de me sauver.

MARCELLE.

Je vais te reconduire aussi.

LÉONIE.

Reste encore, Geneviève.

GENEVIÈVE.

Non; ma tante se fâcherait si je la faisais attendre.

LÉONIE.

Je vais te reconduire.

MARCELLE.

Eh bien! va; moi, je reste, alors.

MADAME DEMIRE, à Marcelle.

Quel mauvais caractère! (A Léonie.) Donne-moi le bras.

LÉONIE.

Viens donc, sœur.

MARCELLE.

Non; j'aime mieux rester ici.

(*Elles sortent, excepté Marcelle.*)

SCÈNE V

MARCELLE, seule.

C'est à elle que maman aurait donné le bras! quand bien même j'aurais été avec elles! Oh! non, bien sûr, je n'irai pas. Ah! que j'ai de chagrin! C'est depuis que j'ai passé un mois chez grand'mère que maman ne m'aime plus. Elle se sera déshabituée de m'aimer... Quand je suis revenue, il n'y avait plus que ma sœur. Son premier mot a été : « Comment trouves-tu Léonie? » J'étais très bonne dans ce temps-là; j'ai sauté au cou de ma sœur. « Prends garde! s'est écriée maman. — Est-ce qu'elle est malade? ai-je demandé? — Non, non, elle n'est pas malade. Ne t'inquiète pas, ma petite Léonie. » A partir de ce jour, il n'y a plus eu de caresses que pour elle.... (*Elle va s'asseoir sur le tabouret entouré par le paravent.*) Ah! oui, j'ai beaucoup de chagrin. Que dirait maman si elle savait que je suis jalouse? Ah! elle n'en saura rien; je suis trop fière pour l'avouer; j'ai même peur qu'elle m'entende pleurer, le soir, dans mon lit... je les aimais tant toutes les deux; mais, à présent, je souffre du matin au soir... Et je n'aime plus personne; du moins je ne puis plus le montrer. C'est égal, on ne saura pas comme je suis jalouse, et quand je serai morte, maman pleurera aussi... Je l'entends... Je ne veux pas qu'elle voie mes yeux rouges.

SCÈNE VI

MARCELLE, *cachée derrière le paravent*, MADAME DEMIRE, LE VIEUX COUSIN.

MADAME DEMIRE.

Ainsi, vous lui trouvez bon visage?

LE COUSIN.

Tout à fait bon.

MADAME DEMIRE.

Ah! mon ami, que vous me faites de bien! Depuis deux mois, je ne vis pas, sans cesse tremblant pour la vie de ma chère fille; je n'ai pas eu un instant de repos jusqu'à ce que le médecin m'ait dit : « Elle est sauvée! » Quel supplice d'avoir à cacher ainsi ses inquiétudes, à prendre un air riant quand on a le cœur navré; car il ne faut pas que ma pauvre petite malade se doute de rien; elle a besoin d'une tranquillité d'esprit absolue pour que ses nerfs se calment. C'est là le point essentiel; le docteur y a bien insisté.

LE COUSIN.

Mais la crise est passée; c'était un accident. Léonie a repris des forces; elle est gaie...

MADAME DEMIRE.

Oui, je l'ai remarqué.

LE COUSIN.

Elle s'amuse un peu avec sa sœur?

MADAME DEMIRE.

Pas souvent. Je tourmente ma pauvre petite Marcelle et je me le reproche : elle ne peut pas deviner pourquoi je la gronde quand elle fait du bruit, quand elle n'est pas aux petits soins pour sa sœur. Je la néglige, la chère mignonne, occupée que je suis de celle que j'ai craint de perdre; elle doit en être surprise; je la trouve même un peu triste. Pourvu, mon Dieu, qu'elle ne tombe pas malade à son tour !

LE COUSIN.

Elle se porte à merveille; elle est fraîche comme une rose.

MADAME DEMIRE.

Et forte. Quand je la vois courir dans le jardin, cela me fait un plaisir !...

LE COUSIN.

Je comprends cela. Le médecin ne vient-il pas aujourd'hui?

MADAME DEMIRE.

Je l'attends d'une minute à l'autre. Il est absent depuis quinze jours, et il m'a fait prévenir de son retour.

LE COUSIN.

Je suis persuadé qu'il va achever de vous rassurer.

MADAME DEMIRE.

Que le ciel vous entende! car je suis parfois à bout de courage, toujours sous le poids d'une unique pensée. Pardonnez-moi de vous quitter; mais Léonie est seule... Je ne voulais pas vous questionner devant elle.

LE COUSIN.

Allons la retrouver, chère amie.

(*Ils sortent.*)

SCÈNE VII

MARCELLE, seule.

(*Elle revient en scène.*)

Ma sœur en danger! (*Elle joint les mains.*) Ma chère petite sœur, mon Dieu! Et moi qui accusais ma pauvre maman, quand j'aurais dû la consoler? J'ai honte de moi. Ah! que je suis repentante! Comment réparer ma faute? Il ne faut pas que je sois malade, d'abord, pour ne pas l'inquiéter, elle qui a déjà tant de chagrin! Je voudrais mourir à la place de ma sœur pour me punir de ma méchanceté; car j'ai été méchante en ne faisant pas tout ce qu'elle voulait. Il ne faut pas qu'on se doute que je sais tout. Maman aurait peur que je le laisse voir; mais il n'y a pas de danger.

SCÈNE VIII

MACELLE, LÉONIE, MADAME DEMIRE.

MADAME DEMIRE, *à Marcelle.*

Je te croyais au jardin. Est-ce que tu as pleuré?

MARCELLE.

Ah! vraiment non; j'ai eu de la poussière dans les

yeux et je me les suis frottés... Petite sœur, veux-tu nous amuser?

MADAME DEMIRE.

Tes jeux sont trop bruyants pour elle.

MARCELLE.

Mais, si Léonie veut, nous allons jouer bien tranquillement... Tiens, assieds-toi là. *(Elle la prend doucement par la main, la conduit au fauteuil, puis lui met un tabouret sous les pieds.)* Es-tu bien? Si nous faisions une dînette? Je te donne mon ménage si ça te fait plaisir.

LÉONIE.

Ton beau ménage en porcelaine?

MARCELLE.

Oui.

LÉONIE.

Maman, elle me donne son beau ménage.

MADAME DEMIRE.

Tu es une bonne petite fille, Marcelle.

(Elle se met à travailler.)

MARCELLE.

Il est là. *(Elle va le prendre derrière le paravent.)* Tiens, le voilà. Attends, je vais apporter la table, sans faire de bruit, je ne la traînerai pas.

(Elle marche doucement sur la pointe des pieds.)

LÉONIE.

Elle est lourde.

MARCELLE.

Oh! non, pas du tout. Et puis je suis forte.

(Elle la met devant Léonie.)

LÉONIE.

Que je suis contente!

MARCELLE.

Si tu veux, je vais aller demander des biscuits ? Maman, elle peut bien manger des biscuits, n'est-ce pas ?

MADAME DEMIRE.

Certainement.

(Marcelle, marchant toujours sans bruit, sort un instant.)

LÉONIE, *arrangeant le ménage sur la table.*

Elle est bien gentille, Marcelle.

MADAME DEMIRE.

Oui, elle a bon cœur. Ainsi tu t'amuses ?

LÉONIE.

Beaucoup.

MARCELLE *rentre.*

Tiens ; puis je t'apporte ça.

LÉONIE.

Tes petits pots de confitures de Bar ! Tu voulais les garder.

MARCELLE.

Pourquoi faire ? J'aime mieux te les donner.

LÉONIE.

Oh ! comme tu es bonne. Si nous mettions nos poupées à table ?

MARCELLE.

C'est cela... (*Elle va sans bruit prendre la sienne.*) Voici d'abord la mienne. Je vais chercher la tienne...

(*Elle sort.*)

LÉONIE.

Regardez, maman, comme c'est joli ce couvert-là. Je vais faire bien attention de n'en rien casser.

MARCELLE *rentre avec la poupée.*

Elles vont être drôles à table toutes les deux.

(*Elles les mettent à table.*)

LÉONIE *se lève et se met à sauter.*

Maman, voyez. Ah! ah! ah!

(*Elle rit aux éclats.*)

MADAME DEMIRE.

Tu sautes; tu te sens donc bien?

LÉONIE.

Oh! très bien! Marcelle, mettons-nous aussi à table et servons ces dames.

(*Marcelle et Léonie font semblant de faire manger les poupées, et mangent les biscuits et les confitures.*)

LÉONIE.

Elles avaient très grand'faim. (*Elle rit.*) Tu ne ris pas, toi, Marcelle.

MARCELLE.

Si vraiment, je ris.

(*Elle feint de rire, puis elle embrasse Léonie.*)

LÉONIE.

Maman, comme nous nous amusons!

MADAME DEMIRE.

Marcelle, ne fatigue pas ta sœur.

LÉONIE.

Maman, vous la grondez toujours.

MARCELLE.

Mais non, maman ne me gronde pas. Ma chère petite maman est très bonne.

LÉONIE.

Vous l'aimez autant que moi, n'est-ce pas, maman?

MARCELLE.

Oui, oui, je le sais bien, elle nous aime toutes les deux autant.

MADAME DEMIRE.

Oui, mes enfants, oui. (*Elle s'attendrit, mais fait un effort pour le cacher.*) Amusez-vous, amusez-vous, la gaieté est bonne à votre âge.

LÉONIE.

Embrassez-la, maman, pour m'avoir donné son beau ménage.

MADAME DEMIRE.

Viens, Marcelle, chère fillette !

(*Elle embrasse avec effusion Marcelle qui revient vers Léonie.*)

MARCELLE.

Maman m'a embrassée, tu es contente. Si tu t'asseyais, nous nettoierions les assiettes. (*Les ciseaux de Mme Demire tombent; Marcelle les ramasse.*) Tenez, ma chère, ma chère maman.

LÉONIE.

Assieds-toi aussi. Non, ôte les poupées. Va les mettre sur un fauteuil. Laquelle trouves-tu la plus belle ?

MARCELLE.

La tienne.

LÉONIE.

Non, c'est la tienne.

MARCELLE.

Si tu veux changer, je le veux bien.

UN DOMESTIQUE, *entrant.*

Madame, M. le docteur arrive et descend de voiture.

MADAME DEMIRE, à Léonie.

Viens, ma chérie.

(*Elle sort avec Léonie.*)

LÉONIE.

Que c'est ennuyeux!

MARCELLE.

Va, Léonie, je vais tout laisser en place et t'attendrai.

(Mme Demire et Léonie sortent.)

SCÈNE IX

MARCELLE, seule.

Pourvu qu'il la trouve bien! Le cœur me bat. Il est entré... Je n'ose écouter... S'il allait dire qu'elle est plus malade... Je peux à peine respirer... *(Elle va à la porte.)* Il parle... C'est mal, dit maman, d'écouter aux portes... mais je voudrais tant savoir!... Ma chère petite sœur... *Elle va écouter.)* Je ne puis m'en empêcher... C'est la voix de maman... puis le médecin... Je n'entends pas ce qu'il dit... Ah! maman jette un cri... Grand Dieu! Je ne peux plus me tenir... Mais ne crie-t-elle pas « sauvée? » Oui, sauvée! sauvée! *(Marcelle tombe à genoux et joint les mains.)* Ma sœur est sauvée! Ah! quel bonheur!

(Elle pleure de joie.)

SCÈNE X

MARCELLE, LÉONIE, MADAME DEMIRE
tient la main de Léonie.

MADAME DEMIRE.

Ah! mes enfants, mes chères petites... *(A Marcelle.)* Tu pleures quand je suis si heureuse!

MARCELLE.

C'est de joie, maman.

(Elle embrasse Léonie.)

MADAME DEMIRE.

Quoi ! tu sais ?...

MARCELLE, *tout bas.*

Je sais tout. Je sais qu'elle était malade, et je vous ai entendue dire qu'elle est sauvée... Ah ! maman ! pardonnez-moi, j'ai écouté à la porte.

MADAME DEMIRE.

Écouté à la porte !...

MARCELLE.

J'étais là. *(Elle montre le cabinet.)* J'étais là, maman, quand vous avez parlé à mon cousin. Depuis, j'étais si inquiète !

MADAME DEMIRE.

Ma pauvre Marcelle, moi qui avais tout fait pour t'épargner ce chagrin !

(Elle la prend dans ses bras ainsi que Léonie.)

MARCELLE.

Mais avant... il faut que je vous dise tout, — avant j'étais jalouse !...

LÉONIE.

De qui, petite sœur ?

MARCELLE.

De toi. C'était bien mal... mais je t'aime et j'aime maman, et je croyais qu'elle ne m'aimait plus. Ah ! comme cela fait du mal de croire une chose comme celle-là !

MADAME DEMIRE.

Chère Marcelle, tu ne pouvais deviner qu'une mère penche toujours du côté de l'enfant qui a le plus besoin d'elle, et que, quand elle craint pour sa vie, elle espère qu'à force de tendresse elle pourra le sauver... (Elle les serre sur son cœur.) Oh! mes deux trésors! Je suis par vous bien heureuse.

    MARCELLE et LÉONIE, *à leur mère.*

Ah! maman, que c'est bon de s'aimer.

BAL D'ENFANTS

PERSONNAGES :

CHARLES. — FÉLIX. — ALEXIS. — LOUIS. — CLAIRE. CLOTILDE. — ANTOINETTE. — COLLETTE.

Tous les enfants sont costumés. — Salon éclairé, buffet, sièges, fleurs,

SCÈNE PREMIÈRE

CLOTILDE, CLAIRE, puis DES ENFANTS.

CLOTILDE, *en reine.*

Mon costume va, bien sûr, être le plus beau.

CLAIRE, *costumée aussi.*

Moi, j'aime mieux le mien.

CLOTILDE.

Chacun son goût.

CLAIRE.

Tu veux toujours qu'on t'admire.

CLOTILDE.

Pourquoi pas? Est-ce que mon diadème ne brille pas assez pour éblouir tout le monde?

CLAIRE.

Ne perds pas les diamants à maman.

CLOTILDE.

Ils sont cousus.

CLAIRE.

C'est très amusant un bal costumé.

CLOTILDE.

Et puis c'est rare; peu de parents en donnent à leurs enfants, car c'est très cher.

CLAIRE.

Mais pas plus qu'un autre; on ne fournit pas les costumes à ses invités.

CLOTILDE.

Au lieu de piano, j'aurais voulu un orchestre.

CLAIRE.

Quant à cela, ça m'est bien égal, pourvu que je danse; tous nos petits amis m'engageront.

CLOTILDE.

Et moi donc, avec un si beau costume!

CLAIRE.

Il est trop lourd, tu vas voir.

(Elle veut faire danser Clotilde.)

CLOTILDE.

Prends garde, tu vas me chiffonner mon voile.

CLAIRE.

Est-ce que tu vas rester toute la soirée comme une image? Alors fais-toi mettre sous une vitrine.

(Elle rit.)

CLOTILDE.

Tu es jalouse, avoue-le.

CLAIRE.

Moi! Ah! par exemple! Si j'avais voulu, j'en aurais eu un aussi beau que le tien, mais j'en ai préféré un léger; toi, c'est par vanité, tu en as choisi un riche, voilà tout.

CLOTILDE.

Tu trouves bien vite le moyen de me critiquer; heureusement que je n'y fais pas attention.

(Elle va se regarder dans la glace.)

CLAIRE.

Pourquoi nos invités ne viennent-ils pas?

CLOTILDE.

Ils ne sont pas en retard; ce n'est pas comme il faut d'arriver trop tôt.

CLAIRE.

Je trouve qu'il n'est pas poli de se faire attendre.

CLOTILDE.

Je suis sûre qu'il va y avoir des costumes affreux.

CLAIRE.

Qu'est-ce que cela fait? Si ceux qui les portent sont gentils, ce sera tout de même amusant.

(Elle danse.)

CLOTILDE.

Je trouve que c'est au contraire très désagréable; quand on donne un bal, il faut qu'il soit brillant; je suis sûre que Colette sera ridicule, et Antoinette mal habillée.

CLAIRE.

Pourquoi?

CLOTILDE.

Parce que Colette n'a jamais que de petites robes sans garnitures, et que celles d'Antoinette en ont trop.

CLAIRE.

Je voudrais bien, moi, qu'elles fussent déjà ici. *(Elle saute d'un pied sur l'autre.)* Ah! voilà Louis.

(Louis entre.)

CLOTILDE, à Louis.

Tu es très bien.

LOUIS.

Oui, n'est-ce pas? Regarde, j'ai une plume et du velours, avec de l'or.

ANTOINETTE *entre.*

Me trouvez-vous bien?

CLOTILDE.

En voilà des dentelles! Voyons, tourne-toi. Et des rubans! En quoi es-tu déguisée?

ANTOINETTE.

En marquise. Avec de la poudre et des mouches.

CLOTILDE.

Et moi en reine.

(Entrent des enfants.)

CLAIRE.

Bonjour, mesdemoiselles, bonjour, messieurs. Nous allons danser.

ALEXIS.

Ah! voilà un buffet! on va avoir des gâteaux.

CLAIRE.

Oui, mais il n'est pas encore servi, le buffet; il est trop tôt.

ALEXIS.

Y aura-t-il du chocolat?

CLAIRE.

Certainement.

CHARLES, *entrant.*

Bonjour, mesdemoiselles... C'est joli toutes ces fleurs.

CLOTILDE.

Ah! comme tu es!

CHARLES.

Je suis en meunier. Qu'est-ce qui veut de la farine? *(Il rit.)* Ah! ah! ah! C'est pour rire, je ne vous en jetterai pas.

CLOTILDE.

Il n'est pas beau, ton costume.

CHARLES.

Pourquoi?

CLOTILDE.

Tu as l'air d'un homme qui ne pense qu'à son travail.

CHARLES.

Où est le mal? D'ailleurs, je voudrais être un vrai meunier, moi, avec un moulin. C'est si joli l'eau qui tombe de la roue; tic-tac, tic-tac.

CLOTILDE.

Tu n'es pas assez beau; je ne danserai pas avec toi.

CHARLES.

Ça m'est bien égal; toi, tu ressembles à une enseigne. *(Il crie.)* Voici la reine Blanche! A deux sous le peloton de fil. *(Les enfants rient.)*

CLOTILDE.

Si tu crois que c'est drôle d'être malhonnête, tu te trompes.

BAL D'ENFANTS.

OUI, EN LOUIS XIV, RIEN QUE ÇA!

CHARLES.

Il ne fallait pas commencer.

VICTOR *entre.*

Eh bien! que fait-on?

CLOTILDE.

Enfin, en voilà un superbe! quel beau costume!

VICTOR.

Est-ce qu'il n'y a pas de musique?

CLAIRE.

Le musicien va venir; dansons en attendant.

VICTOR.

Je ne danse pas, moi.

CLOTILDE.

Tu es en roi, n'est-ce pas?

VICTOR.

Oui, en Louis XIV, rien que ça.

CLOTILDE.

Et moi en reine. Je n'aime que ceux qui sont bien mis comme toi et moi.

VICTOR.

Je ne te trouve pas déjà si belle.

CLOTILDE.

Fi, monsieur!

VICTOR.

Les rois ont le droit de tout dire.

(*Entre Colette, avec bonnet et tablier en toile jaune, jupon rouge court.*)

CLAIRE.

Ma petite Colette! (*Elle l'embrasse.*)

CLOTILDE.

Oh! quel déguisement! En servante!

CHARLES.

Elle est très gentille.

VICTOR.

Affreuse! Retourne à l'étable, ma chère.

CHARLES.

Veux-tu la laisser tranquille.

VICTOR.

Est-ce que c'est la servante de ton moulin?

COLETTE.

Ce n'est toujours pas la tienne, va. Tu auras beau faire, tu ressembles bien plutôt à un magot qu'à un roi.

VICTOR, *furieux*.

Et toi... tiens... (*Il fait tomber à terre le bonnet de Colette.*)

COLETTE, *pleurant*.

Mon bonnet, méchant!

VICTOR, *prenant le bonnet du bout du doigt*.

Qu'est-ce qui en veut? (*Il le jette en l'air; le bonnet retombe à terre.*)

CHARLES, *à Victor*.

Ah! c'est comme ça, Victor? Tu as besoin d'une leçon; je vais te la donner. Ramasse son bonnet.

VICTOR.

Allons donc!

CHARLES.

Ramasse son bonnet; tu entends?

VICTOR.

Non.

CHARLES.

Tu ne veux pas? Je vais te dégager les oreilles. (*Il lui enlève son chapeau.*)

VICTOR.

Rends-moi mon chapeau.

CHARLES.

Ramasse son bonnet.

VICTOR.

Non, non.

CHARLES.

Alors j'écrase ton chapeau. *(Il le met à terre et lève le pied.)*

VICTOR.

Arrête ! *(Victor ramasse le bonnet de Colette et le lui jette. — A Charles.)* Tu me le payeras, va !

CHARLES, *haussant les épaules.*

Un bon prix ? Tu n'oseras jamais le demander.

CLAIRE, *à Colette.*

Je vais te recoiffer, ma chérie, attends... Voilà la musique.

(Le pianiste se met au piano.)

CLOTILDE, *à Victor.*

Veux-tu danser avec moi ?

VICTOR, *encore boudeur.*

Non. Ni avec toi, ni avec personne.

CLOTILDE, *à Lucien.*

Veux-tu danser avec moi ?

LUCIEN.

Je danse avec Claire.

CLOTILDE, *à Charles.*

Veux-tu danser avec moi ?

CHARLES.

Non, j'ai invité Colette.

CLOTILDE, *à Alexis.*

Veux-tu danser avec moi ?

ALEXIS.

Je ne sais pas danser.
(Il s'éloigne.)

(Les enfants dansent. Victor, rageur, se jette dans les danses en bousculant les danseurs et danseuses.)

CLAIRE, à Victor.

Tu es insupportable!

CHARLES.

Je vais le faire finir, moi.

VICTOR.

Je ne te dis rien; laisse-moi tranquille.

(Victor continue à pousser celui-ci ou celle-là, mais plus mollement. La contre-danse finie, les enfants vont au buffet.)

CHARLES, sur le devant du théâtre avec Louis.

Ce Victor est un méchant garçon. Veux-tu que nous lui jouions un tour?

LOUIS.

Oui. Lequel?

CHARLES réfléchit.

J'ai une idée. J'ai vu un encrier et du papier dans l'antichambre; viens.

(Ils sortent.)

SCÈNE II

Tous, excepté LOUIS et CHARLES.

ALEXIS.

Une glace, s'il vous plaît.

CLAIRE, à Colette.

En veux-tu, Colette?

COLETTE.

Oui. Le bal est très amusant.

CLOTILDE, *à Victor.*

Veux-tu un gâteau?

VICTOR, *brutalement.*

J'en ai déjà mangé trois... (*Il jette un morceau de brioche à Colette.*)

COLETTE, *appelant.*

Charles! Victor me jette de la brioche!

VICTOR.

Criarde! (*Il prend une glace à un autre enfant.*) C'est pour moi cette glace-là. (*A Colette.*) Il est joli, ton bonnet, je l'ai joliment arrangé.

COLETTE.

Mais Charles te l'a fait ramasser, ah! ah! Il est bon, et tu es mauvais, toi.

VICTOR.

Je n'ai pas voulu faire de scène; mais qu'il y revienne!

SCÈNE III

Les Mêmes, CHARLES et LOUIS *rentrent.*

CLAIRE.

En place!

(*Nouvelle danse.*)

CHARLES, *sur le devant du théâtre avec Louis.*

Tu vas occuper Victor... Moi, j'aurai tout de suite fait.

LOUIS.

Oui. (*Louis va à Victor.*) Tiens, je n'avais pas vu ton grand cordon: c'est joli; et ta perruque.

(*Il lui met les mains sur les épaules. Charles accroche pendant ce temps-là un écriteau au dos de Victor.*)

VICTOR, *repoussant Louis.*

Je n'aime pas qu'on me touche. Tu vas abîmer mon habit.

LOUIS.

Maussade que tu es !

(*La danse finit.*)

CLAIRE, *lisant derrière Victor.*

Victor est un sot : le roi des imbéciles.

VICTOR, *se retournant.*

Pas tant que toi.

ANTOINETTE, *lisant.*

Victor est un sot.

VICTOR.

Ce n'est pas vrai ; prends garde à toi.

ALEXIS, *lisant.*

Victor est un sot.

VICTOR.

Attends, toi. (*Il va pour le battre. Alexis se sauve.*)

COLETTE, *lisant.*

Victor est un sot : le roi des imbéciles. Ah ! ah ! ah !

VICTOR.

Ah ! tu vas voir... (*Il s'élance et se trouve devant Charles.*)

CHARLES.

Ose donc la toucher...

VICTOR.

Lâche ! C'est parce que tu es le plus fort.

TOUS.

« Victor est un sot. Il est le roi des imbéciles ! »

VICTOR.

Ils sont tous après moi. (*Il se met à pleurer.*) Oh ! oh ! oh !

CLOTILDE.

Ne pleure pas.

CHARLES *enlève l'écriteau.*

Que ce soit une leçon pour toi, vilain trouble-fête.

CLAIRE.

C'est fini... Console-toi et sois bon garçon. On n'est méchant qu'avec ceux qui le sont. Fais comme nous, ne boude plus. Allons, dansons.

CLOTILDE.

Le musicien est allé prendre des rafraîchissements. C'est trop tôt... Je m'en plaindrai à papa.

CLAIRE.

Le pauvre homme! Ne faut-il pas qu'il se repose? Nous touverons bien le moyen de nous amuser un instant sans lui.

COLETTE.

Si vous voulez, je vais vous chanter une ronde?

TOUS.

Oui, oui, une ronde.

(Ils se prennent par la main et répètent le refrain en dansant. — Le roi Louis XIV et la reine Clotilde se tiennent seuls à l'écart.)

COLETTE.

AIR : *La Boulangère a des écus.*

La princesse de Mascara } *Tous : bis.*
Reçoit la cour entière.
A souper elle donnera;
Mais elle a trop à faire
    Lon la,
Mais elle a trop à faire.

Le pain qui le boulangera ? } bis.
C'est plus nécessaire,
Chauffons le four qui le cuira.
Voilà la boulangère,
    Lon la,
Voilà la boulangère.

La soupe qui la trempera } bis.
Dans la grande soupière ?
De pain blanc on la taillera.
Voilà la cuisinière,
    Lon la,
Voilà la cuisinière.

La galette qui la fera } bis.
D'une pâte légère ?
Au dessert on la mangera.
Voilà la pâtissière,
    Lon la,
Voilà la pâtissière.

Le vin qui le vendangera ? } bis.
Bien meilleure est l'eau claire,
Personne ne se grisera
En buvant à plein verre
    Lon la.
En buvant à plein verre.

La princesse de Mascara } bis.
Ne sera pas trop fière,
Au printemps elle épousera
Le prince d'Angleterre,
    Lon la
Le prince d'Angleterre.

(*La ronde a été si gaie, que tout le monde veut recommencer. On crie* : Bis ! bis !
Colette reprend, sans se faire prier, la Princesse de Mascara *et le reste.*)

VICTOR.

Clotilde, décidément c'est trop ennuyeux d'être roi...

CLOTILDE.

Et ce n'est pas amusant d'être reine.

VICTOR.

Si nous dansions avec les autres?

CLOTILDE.

J'allais t'en dire autant.

(*Victor se débarrasse de son chapeau et de sa perruque. Clotilde, à son tour, oublie qu'elle est reine; elle fait un nœud à la traine de sa robe. — On leur crie: Bravo! — Charles leur fait place. Ils dansent de si bon cœur qu'on s'aperçoit enfin que, quand ils n'ont pas la vanité en tête, ils sont aussi bons enfants que les autres. A la fin de la ronde, on leur en fait compliment.*)

CHARLES, à Victor.

Tout est bien qui finit bien; si tu veux dire à Colette que tu te repens pour de bon d'avoir été méchant avec elle, nous allons tous t'embrasser, et la paix sera faite.

VICTOR.

Ah! Charles, tu es un vrai bon garçon...

(*Ils s'embrassent.*)

CLOTILDE, en riant.

Charles, j'ai été bien sotte, moi aussi, et s'il ne s'agit que d'en être fâchée pour mériter d'être embrassée par un bon camarade comme toi, tiens, voilà mes joues, embrasse-moi.

(*Charles l'embrasse.*)

COLETTE, se retournant alors vers ses amis.

Mesdemoiselles et Messieurs, je finirai par un bon avis: les costumes de roi et de reine ne sont pas commodes au bal.

UN DOMESTIQUE *entre, et d'une voix qui paraît très grave au milieu de ces voix clairettes :*
Messieurs et Mesdames, le souper est servi.
LES ENFANTS.
Un souper! un souper! c'est une surprise.
(C'est le cri de toute la bande joyeuse. Chacun alors prenant la main de sa dernière danseuse, on passe dans la salle à manger. Dans une heure, tout le monde sera couché.)

CE SOIR, LA FÊTE A PAPA

PERSONNAGES:
HENRI. — HÉLÈNE. — LILI.

Un salon.

SCÈNE PREMIÈRE

LILI, *habillant sa poupée.*

Mademoiselle, vous allez être très belle, et vous savez pourquoi je vous mets votre robe de soie? C'est parce que c'est la fête à papa; n'allez pas vous chiffonner, s'il vous plaît, ou je vous mettrai au lit avec votre bonnet de nuit, vous m'entendez. — (*Se parlant à elle-même.*) Je serai une très bonne maman, je crois, quand j'aurai de vrais enfants; mais c'est tout de même amusant de parler à sa poupée. (*A sa poupée.*) Mademoiselle, si vous le désirez, je vais vous réciter la fable que je dirai ce soir à papa.

Un agneau se désaltérait.
Dans le courant d'une onde pure;
Un loup survient à jeun qui cherchait aventure
Et que la faim en ces lieux attirait.

SCÈNE II

LILI, HÉLÈNE.

HÉLÈNE.

Je viens ici pour que papa ne voie pas mon ouvrage; il n'aurait plus de surprise ce soir.

LILI.

Tu n'as pas encore fini ta calotte?

HÉLÈNE.

Il y a encore le gland.

LILI.

Est-ce long à faire?

HÉLÈNE.

Il est presque fini; mais j'ai encore à le coudre après la calotte, et si papa était entré à la salle d'étude, tout était découvert.

LILI.

Oh! il n'y avait pas de danger, il est chez mon oncle.

HÉLÈNE.

Si mon oncle allait lui parler de sa fête, c'est ça qui serait ennuyeux.

LILI.

L'oncle est averti: il ne dira rien, et, comme lui et nos cousines veulent aussi souhaiter la fête de papa, ils viendront tous ici en ayant l'air seulement de le reconduire, de sorte qu'il ne se doutera de rien.

HÉLÈNE.

Est-ce heureux qu'il se trouve toujours quelque chose qui éloigne papa de la maison le jour de la Saint-Henri! L'année dernière, il était allé faire couper ses bois.

LILI.

Aussi quelle surprise quand nous sommes entrés avec Henri, nos bouquets à la main! ce sera encore la même chose ce soir. As-tu retrouvé ton compliment?

HÉLÈNE, *cousant le gland.*

Non, malheureusement; je l'ai cherché partout; impossible de remettre la main dessus.

LILI.

C'est très désagréable de lui donner ton cadeau sans lui rien dire. (*A sa poupée.*) Mademoiselle, vous voyez qu'il faut avoir du soin; autrement on égare toutes ses affaires, et quand on en a besoin, on a beau les appeler, c'est comme si l'on chantait.

HÉLÈNE.

C'est très mal, Lili, tout ce que tu dis là; tu vois que je suis contrariée, et tu ris.

LILI.

Je ne ris pas du tout, au contraire, je suis très sérieuse. Et puis, ce n'est pas à toi que je parle, c'est à ma poupée.

HÉLÈNE.

Oui, pour que j'entende ce que tu dis.

LILI.

Pas du tout, c'est une leçon que je lui donnais. Est-ce que ce n'est pas le devoir d'une maman de donner des leçons à ses enfants?

HÉLÈNE.

Tiens, tu n'es qu'une petite moqueuse.

LILI.

Ne te fâche pas, Hélène, j'ai eu tort. C'est vraiment très malheureux que ton compliment soit perdu; il était très joli.

HÉLÈNE.

Je crois bien; c'était notre cousin qui l'avait composé tout exprès.

LILI.

Tu ne t'en souviens plus?

HÉLÈNE

Non, pas un mot; je n'avais encore fait que le regarder.

LILI.

Et Henri, sais-tu ce qu'il a fait pour papa?

HÉLÈNE.

Il n'a jamais voulu me le dire.

LILI.

Il s'enferme pour qu'on n'en sache rien; depuis hier, il est invisible.

HÉLÈNE.

J'ai voulu aller voir ce qu'il faisait; il m'a entendue comme j'essayais d'ouvrir sa porte, et il m'a renvoyée. — Lili, regarde un peu, est-ce que le gland n'est pas trop gros?

LILI.

Mais non; plus c'est gros, plus c'est riche. Quel ennui de ne pas savoir ce que Henri prépare comme ça pour papa!

HÉLÈNE.

Voilà, mon gland est fini; il s'agit de le coudre à présent. Papa sera superbe avec! Comme c'est heureux d'avoir un papa qui n'ait presque plus de cheveux. S'il en avait, il n'aurait pas besoin de calotte...

LILI.

Pauvre papa! tout de même, c'est long à remplacer des cheveux! — Il y a joliment longtemps, sais-tu, que tu y travailles à cette calotte.

HÉLÈNE.

Si tu crois que cela se fait dans un jour. Mais comme toi tu ne sais pas travailler...

LILI.

Par exemple? Est-ce que ce n'est pas moi qui ai ourlé les robes de ma poupée?

HÉLÈNE.

Après que Rose t'avait tracé les ourlets.

LILI.

Tracer, ce n'est pas coudre; quand je serai grande comme toi, je travaillerai aussi bien que toi, je ferai beaucoup de calottes pour mon papa chéri, et je les ferai plus vite...

HÉLÈNE.

Nous verrons ça. *(Hélène met la calotte sur sa tête.)* Lili, la trouves-tu jolie?

LILI.

Très jolie. Hélène, mets-la-moi aussi.

HÉLÈNE.

Non, ça la salirait.

LILI.

Je t'en prie !

HÉLÈNE.

Je te dis que non. Est-ce qu'il ne faut pas que ce soit papa qui en ait l'étrenne.

LILI, *la lui prenant.*

Pourquoi l'as-tu mise, alors? Je puis la mettre aussi bien que toi sans l'abîmer.

(*Elle la met ; mais, comme elle est trop large, elle lui couvre les yeux.*

Elle l'arrache vite.)

HÉLÈNE.

Méchante ! Voilà ma calotte toute sens dessus dessous.
(*Elle la reprend.*)

LILI.

Laisse-moi donc tranquille ! Elle n'a rien du tout.

HÉLÈNE.

Tu mériterais, pour t'apprendre, que je chiffonne la robe de ta poupée.

LILI.

Tu n'y toucheras pas seulement du bout du doigt, ou bien...

HÉLÈNE.

Ou bien quoi?

LILI.

Ou bien rien, car c'est trop vilain de se disputer comme ça le jour de la fête à papa. Puisque j'ai trouvé la calotte très jolie...

HÉLÈNE.

Eh bien, embrasse-moi et que ce soit fini. (*Elles s'embrassent.*) Alors, tu crois que papa sera content?

LILI.

J'en suis sûre.

SCÈNE III

Les Mêmes, HENRI.

HÉLÈNE *cache la calotte, puis la reprend.*
J'ai eu peur, j'ai cru que c'était papa.

LILI.

Regarde, Henri, quel beau cadeau lui fait Hélène.

HENRI.

Oui, oui, superbe; mais vous savez, tout est déjà prêt; la salle à manger est magnifique, il y a des fleurs partout avec des guirlandes de feuillage qui vont d'un bout à l'autre.

LILI.

Est-ce que c'est toi qui les as faites ?

HENRI.

Oui; c'est-à-dire que je donnais les branches à Jean pour qu'il les arrangeât, et puis je l'ai regardé porter les pots de fleurs; j'en ai même porté cinq ou six petits.

HÉLÈNE.

Nos cousines vont trouver ça aussi bien que chez elles, quand elles ont souhaité la fête à leur grand'maman.

HENRI.

Elles ne lui ont rien donné, au lieu que moi...

LILI.

Oh! frère, dis-nous ce que tu lui donnes, à papa.

HÉLÈNE.

Moi, je t'ai montré ma calotte.

HENRI.

Eh bien! attends, je vais chercher mon cadeau.

(Il sort un instant.)

LILI.

Oh! oui, va vite. (A sa sœur.) Je suis très curieuse de voir ce que c'est. Et toi?

HÉLÈNE.

Moi aussi. Pourvu que ce soit joli. Il en a l'air bien content. Trop peut-être.

LILI.

C'est égal, je mets ma poupée dans sa boîte pour n'être pas distraite par sa conversation. Elle se mêle de tout quelquefois, cette demoiselle...

HENRI rentre, tenant un papier roulé.

Voilà... Devinez ce que c'est.

LILI

Une carte de géographie?

HENRI.

Non.

HÉLÈNE.

Une page avec toutes les écritures?

HENRI.

Non.

LILI.

Une lettre à papa?

HENRI.

Mais non; le papier est trop grand, devinez mieux.

LILI.

Un dessin peut-être?

HENRI.

Oui, c'est un dessin.

CE SOIR, LA FÊTE A PAPA.

LA! REGARDEZ.

LILI.

Oh! montre!

HENRI.

Dans un instant. (*Il le déroule avec soin en se détournant, puis il le présente à ses sœurs.*) Là, regardez.

LILI.

Ah! c'est un âne.

HENRI.

Tu n'y vois donc pas clair?

HÉLÈNE.

C'est un chien, alors.

HENRI, *indigné.*

Un chien! Est-ce qu'un chien a des cornes?

LILI.

Ah bien, c'est une vache.

HÉLÈNE.

Ou un bœuf.

HENRI, *furieux, crie.*

C'est une chèvre, petites nigaudes que vous êtes! une chèvre!! une chèvre!!!

LILI.

Une chèvre! Tu en es sûr?

HENRI.

Est-ce que vous ne voyez pas ses pattes?

HÉLÈNE.

Les vaches ont aussi des pattes. Mais dis donc, elle n'en a que trois, ta chèvre.

HENRI.

L'autre est derrière celle-là.

LILI.

Pourquoi l'as-tu mise derrière? Il valait mieux les montrer toutes.

HENRI.

Ç'aurait été beau les quatre! Est-ce que tu vois mes deux jambes quand je suis comme ça? *(Il se les rapproche.)*

LILI.

Dame, je les verrais si j'étais devant toi.

HENRI.

Mais tu n'es pas devant ma chèvre, c'est de côté que tu la vois.

LILI.

C'est juste. Et ça, qu'est-ce que c'est?

HENRI.

Ce sont les cornes, ça les oreilles, ça les yeux.

LILI.

Comme ils sont grands!

HENRI.

Toutes les chèvres ont des yeux immenses; et voilà ses babines, là, en dessous.

LILI.

Ah! ce sont les babines, cette espèce de chiffon pointu?

HENRI.

Ça, non, c'est sa langue, puisqu'elle mange. Les chèvres ne mangent qu'en tirant la langue.

LILI.

Pour sa queue, je la vois très bien. Elle est retroussée comme celle d'un carlin.

HÉLÈNE.

Et ces grands bâtons tordus, qu'est-ce que c'est?

HENRI.

Tu prends ça pour des bâtons ; mais tu es donc aveugle? Ce sont ses poils, ils sont joliment longs... et bien faits, j'en réponds.

LILI.

Très bien faits.

HÉLÈNE.

C'est difficile à faire, un dessin.

HENRI.

Si c'est difficile! je crois bien. J'ai fait ça tout seul, cependant.

LILI.

Tu as regardé la chèvre de mon livre de fables, n'est-ce pas?

HENRI.

Un peu, mais celle-ci est bien plus grande.

LILI.

Deux fois plus grande.

HENRI.

Dis donc quatre fois.

LILI.

Oh! oui, au moins, et plus grosse aussi. Ce n'est pas du tout la même bête.

HENRI.

Alors vous trouvez la mienne très bien? Parle donc, Hélène.

HÉLÈNE.

Très bien, certainement.

LILI, *tristement.*

Et moi qui n'ai rien à offrir à papa.

HÉLÈNE.

Tu as ta fable à réciter... Seulement, frère, c'est bien malheureux que nous n'ayons pas de couplets à dire; on chante toujours des couplets à la fête de ses parents; mes cousines en savaient, chacune le sien.

HENRI.

Tu as raison, ça manquera. Il n'y a que le chant pour montrer qu'on est gai.

LILI.

Oui, il faudrait absolument chanter.

HENRI.

Mais quoi?

LILI.

Chacun quelque chose.

HÉLÈNE.

Des couplets? Nous n'en avons pas.

LILI.

Il faut en faire, voilà tout.

HENRI.

En faire. Comme tu y vas, Lili! Tu crois donc que c'est facile?

LILI.

On peut toujours essayer... Il faut d'abord un air...

HENRI.

Quel air?

LILI.

Eh bien : *Au clair de la lune.* (Elle chante.)

Au clair de la lune...

HENRI.

Il faut d'autres paroles.

HÉLÈNE.

Certainement. Nous allons dire que nous aimons beaucoup papa.

LILI.

C'est très facile avec l'air.

HÉLÈNE.

Et que je lui offre une calotte.

HENRI.

Et moi une chèvre. Voyons, essayons.

LILI.

Prends ton crayon pour écrire. *(Elle chante.)*

Au clair de la lune...

HÉLÈNE.

Tais-toi donc, puisqu'il faut changer les paroles.

LILI.

C'est pour donner la mesure.

HENRI, *chantant.*

Papa, c'est ta fête,
C'est ta fête... c'est ta fête...

HÉLÈNE.

Je me souviens d'une autre chanson qui disait : *(Chantant.)*

O jour de bonheur !

LILI, *chantant.*

Je te la souhaite
Vrai de tout mon cœur.

HÉLÈNE, *chantant :*

Je t'ai fait une calotte
Qui t'ira, oui, qui t'ira.

HENRI.

Non; c'est trop simple. (Il chante.)

> Vois cette calotte
> Que je fis pour toi.

HÉLÈNE, chantant.

Embrasse-moi, je t'en prie.

HENRI.

Encore trop simple pour des vers. Et puis ça ne rime pas. (Il chante.)

> Reçois-la sans faute

LILI, chantant.

Cher petit papa.

HENRI.

Mais tu vois bien que ça ne rime pas !

LILI.

Moi je ne vois rien du tout. Je ne sais pas ce que tu veux nous dire avec ton *rime !*

HENRI.

C'est vrai, tu es trop petite, tu ne peux pas comprendre. (Cherchant.) Oi... oi... Ah ! j'y suis. (Il chante.)

> Reçois-la sans faute.
> Puis embrasse-moi.

Ça y est du coup.

HÉLÈNE.

Oui, tout à fait. C'est ravissant.

LILI.

Le mien était aussi bon.

HENRI.

Tu crois ça ! Enfin, en voilà un couplet, et un joli couplet, j'ose le dire.

(Ils battent des mains.)

HÉLÈNE.

Tu l'as écrit. *(Elle prend le papier.)* Celui-là est pour moi.

HENRI.

Pourquoi ?

HÉLÈNE.

Je parle de la calotte. A présent fais le tien.

HENRI.

C'est que tu as tout dit déjà.

LILI.

Non ; ta chèvre, on n'en a pas parlé.

HENRI.

Une chèvre... c'est embarrassant dans une chanson.

LILI.

Mais pas du tout, c'est pas elle qui chantera. Attends, je vais t'aider, moi. *(Chantant.)*

> Papa, c'est ta fête,
> O jour de bonheur.

HÉLÈNE.

C'est la même chose que le mien.

HENRI.

Ça commence pareil, mais tu vas voir après. *(Chantant.)*

> Cette chèvre est faite
> Par ton serviteur.

LILI, *riant*.

Ah ! ah ! ah ! tu n'es pas son serviteur, tu es son fils.

HENRI.

L'un n'empêche pas l'autre. A présent, il faut la suite. Encore quatre vers, c'est terrible !

LILI.

Mais non, c'est très facile. (Elle chante.)

> Je parle pour elle,
> Car elle ne parle pas

HENRI.

Laisse-moi donc! Tu me troubles. (Il chante.)

> Je t'offre avec elle
> Mon cœur tout entier

Non, il vaut vaut mieux garder cela pour la fin. (Il chante.)

> Que ta main fidèle
> Daigne l'agréer ;
> Je t'offre avec elle
> Mon cœur tout entier.

Ouf! c'est fait, mais ce n'est pas sans peine. Deux couplets comme ça à la file ! Je ne m'en serais jamais cru capable. C'est égal, le mien est aussi joli que celui d'Hélène.

HÉLÈNE.

Autant, mais pas plus.

LILI.

Oui, la même chose. A mon tour, maintenant.

HÉLÈNE.

Oh! toi, tu as ta fable, c'est bien assez. Puisque tu ne lui offres rien, que pourrais-tu lui dire?

LILI, *pleurant*.

C'est très mal à vous, je vous ai aidés, moi, je veux chanter aussi.

CE SOIR, LA FÊTE A PAPA.

HÉLÈNE.

Tant pis ! Nous n'avons plus d'idées.

HENRI.

Je t'assure que je ne pourrais pas, Lili; songe donc, deux couplets, c'est beaucoup.

LILI.

Je veux chanter aussi...

HÉLÈNE.

Eh bien, chante si tu veux.

LILI.

Sont-ils égoïstes ! Je ne vais pas pouvoir à moi toute seule. (Henri et Hélène étudient leurs couplets.) Ah ! si je pouvais trouver ! Essayons. Ils vont être bien attrapés... (Elle turlute l'air. — Chantant et cherchant.)

> Je suis encore petite,
> Je viens te réciter ma fable;
> C'est le loup qui mange
> Un petit agneau.
> Je l'ai très bien apprise
> Tu m'embrasseras,
> Je te souhaite une bonne fête,
> Mon petit papa.

Ah ! ah ! j'en ai fait un... et le plus joli. Je ne vous le dirai pas. Oh ! oh ! (Elle saute de joie.)

HÉLÈNE.

C'est moi qui chanterai la première.

HENRI.

Non, c'est moi.

LILI.

Si vous voulez, il n'y aura pas de jaloux, nous chanterons tous les trois ensemble, ça sera bien plus gai et ça fera plus de bruit. Une vraie fête, cette fois.

HENRI et HÉLÈNE.

C'est ça, les trois couplets ensemble.

(*Ils chantent chacun leur couplet en même temps.*)

LILI.

Bravo ! Allons-y tout de suite, de peur de les oublier.

(*Ils entrent en chantant dans la salle à manger.*)

LA PIÈCE DE VINGT FRANCS

PERSONNAGES :

MARIN. — M. DOULAN. — BLAISE. — BABET.

Un salon avec porte et fenêtre donnant sur une rue, table, fauteuil, sièges, fleurs.

SCÈNE PREMIÈRE

MONSIEUR DOULAN, *dans un fauteuil.*

Qu'ai-je donc ce matin? je me sens tout triste. Il y a des jours comme ça. J'ai rêvé cette nuit de mes parents, de mon frère, et, en me réveillant, j'ai pensé qu'ils n'existaient plus et que je restais seul. Il n'est rien de pis que de vivre sans famille. Oh! j'ai eu grand tort de ne pas me marier, j'aurais des enfants... on m'aimerait et je saurais à qui le rendre! Maintenant il est trop tard, je passerais pour un vieux fou.

Quand j'ai appris, il y a quelques mois, et par hasard encore, que mon pauvre frère était mort, il y avait longtemps que nous étions brouillés et je ne savais ce qu'il était devenu. (*Il se lève et marche.*) On m'a assuré qu'après s'être marié, il s'était ruiné et qu'il était parti pour l'Amérique afin d'y refaire sa fortune. J'ai fait faire d'actives recherches pour savoir si sa femme survivait et s'il avait laissé des enfants ; je n'ai rien pu découvrir. Certes, je n'aurais pas abandonné ses orphelins. Cela eût enfin servi à quelque chose que je sois riche. Mais pour moi seul, avec mes goûts, à quoi bon? A faire par-ci par-là et à tâtons quelque bien sans doute, mais quelquefois aussi à faire des ingrats. Allons ! chassons ces idées ; il ne fallait pas rester vieux garçon, ni me séparer de mon pauvre frère... C'est ma faute.

SCÈNE II

MONSIEUR DOULAN, MARIN.

LE PETIT MARIN, *en dehors de la fenêtre.*

Mon bon monsieur ! la charité, s'il vous plaît !

MONSIEUR DOULAN, *sans l'écouter.*

S'il était là, je serais heureux au lieu d'être seul et triste !...

MARIN, *du dehors.*

Monsieur, monsieur ! J'ai faim. Je tombe de fatigue...

MONSIEUR DOULAN *met la main à sa poche d'un air distrait, va à la fenêtre, jette son aumône à l'enfant et revient en scène.*

J'aurais quelqu'un à aimer...

MARIN.

Eh ! Monsieur ! monsieur !

MONSIEUR DOULAN.

Encore?... Mais je viens de te donner.

MARIN.

Oui, monsieur; mais je crois que vous vous êtes trompé.

MONSIEUR DOULAN, *allant à la fenêtre.*

Comment cela?

MARIN.

Vous vouliez sans doute me donner un sou, et vous m'avez donné une grande pièce d'or de vingt francs au moins.

MONSIEUR DOULAN.

Eh mais, c'est d'un honnête garçon, ce que tu fais là. Approche donc, mon petit; tu ne m'as pas l'air d'être du pays; viens, entre par ici. (*Il lui montre la porte.*) Je ne te connais pas, et je connais tous les pauvres de ma commune. (*Marin entre.*) Avance... Comment t'appelles-tu?

MARIN.

Marin, monsieur. Voici la pièce.

MONSIEUR DOULAN.

Marin! (*A part.*) Mon frère aussi s'appelait Marin... (*Haut.*) Ah! tu t'appelles Marin? Tu n'es pas d'ici?

MARIN.

Non, monsieur... Prenez la pièce.

MONSIEUR DOULAN *la pose sur la table.*

Tes parents viennent habiter ce pays?

MARIN.

Je n'ai plus de parents, monsieur.

MONSIEUR DOULAN.

Avec qui es-tu venu?

MARIN.

Tout seul, monsieur.

MONSIEUR DOULAN.

Tout seul? A ton âge?

MARIN.

Oui, monsieur.

MONSIEUR DOULAN.

Et tu mendies?

MARIN.

Il le faut bien, monsieur. Il faut manger.

MONSIEUR DOULAN.

Sans doute, mais c'est en travaillant qu'il faudrait gagner son pain.

MARIN.

Je ne demanderais pas mieux que de travailler, monsieur.

MONSIEUR DOULAN.

Que saurais-tu faire?

MARIN.

Dame! Il y a beaucoup d'oies par ici, je pourrais être gardeur d'oies; avez-vous des oies, monsieur?

MONSIEUR DOULAN.

Non, mais ton acte de probité m'intéresse. Tu mérites de n'être pas un vagabond, et si tu veux, je t'arracherai à la triste vie que tu dois mener sur les grands chemins.

MARIN, *effrayé*.

Vous ne me ferez pas enfermer dans un hospice?

MONSIEUR DOULAN.

Tu crains donc d'aller dans un hospice?

MARIN.

Oh! oui, monsieur, c'est pour n'y pas être enfermé que je me suis sauvé.

MONSIEUR DOULAN.

On a donc voulu t'y mettre déjà?

MARIN.

Oui, monsieur.

MONSIEUR DOULAN.

Voyons, raconte-moi ton histoire, et surtout ne me mens pas.

MARIN.

Je ne mens jamais, monsieur; mais promettez-moi de ne pas m'enfermer...

MONSIEUR DOULAN.

Tu n'as pas de conditions à me faire, parle d'abord, nous verrons... Je ne puis m'engager...

MARIN.

Eh bien, alors... *(Il veut sortir.)*

MONSIEUR DOULAN, *le retenant.*

Voyons, reste. Dis-moi la vérité. D'où viens-tu? Pourquoi mendies-tu? Qu'est-ce qui t'a amené dans ce pays?

MARIN.

Personne. Après que maman a été morte, je suis resté chez la mère Madeleine.

MONSIEUR DOULAN.

Et ton père?

MARIN.

Papa était parti; il est mort aussi. Maman, voyez-vous, était bien triste... Elle a dit un jour qu'elle n'avait plus de quoi vivre et qu'il fallait aller retrouver un de nos parents qui était riche. Alors nous avons pris la diligence qui a versé; maman a été frappée à la tête, elle n'a plus parlé, et personne ne nous connaissait. On la porta à l'hôpital; une vieille femme m'a gardé pendant ce temps-là, parce que je ressemblais à un petit qu'elle avait perdu. Quand maman a été morte, des messieurs ont voulu me mettre dans une maison où il y a des enfants sans parents; mais Madeleine a dit qu'elle répondait de moi, et je l'ai aidée pour son jardin. Mais voilà que, quelque temps après, elle meurt aussi, et alors j'entends qu'on parle encore de m'enfermer dans l'hospice; alors, monsieur, je me suis sauvé.

MONSIEUR DOULAN.

Depuis quand?

MARIN.

Depuis trois jours; heureusement qu'il fait chaud; je me suis caché dans les blés... puis j'ai été à travers champs, couchant où je pouvais, une fois dans un cellier, l'autre dans le fossé et la dernière nuit dans une ferme; on m'a donné du pain, mais, si vous pouvez me faire garder les oies, je resterai tranquille, car c'est bien fatigant de marcher tant que ça tous les jours pour n'arriver nulle part.

MONSIEUR DOULAN.

Ne crains rien, mon pauvre garçon, tu n'iras point dans ce que tu as l'air de regarder comme une prison. Je vois que tu aimes le grand air, je vais te trouver une place... ou te garder avec moi... Aimerais-tu rester avec moi?

MARIN.

Oui, monsieur, vous avez une bonne figure, je serais très content.

MONSIEUR DOULAN.

Mais j'y pense!... Tu dois avoir faim?

MARIN.

Oui, monsieur, j'ai grand'faim.

MONSIEUR DOULAN.

Eh bien, tu vas avoir à manger. *(Il appelle.)* Gertrude! Babet!

SCÈNE III

Les Mêmes, BABET.

MONSIEUR DOULAN.

Ta mère est-elle là?

BABET.

Oui, monsieur, elle est à la cuisine.

MONSIEUR DOULAN.

Conduis-lui ce petit garçon, et fais-lui donner à manger tout de suite... Attends. Dis aussi à ta mère de laver cet enfant des pieds à la tête, puis d'emprunter au jardinier une blouse d'un de ses fils, de la lui mettre, et de me le ramener bien propre. Nous verrons à quoi il pourra servir dans la maison.

(Marin et Babet sortent. — Marin emporte son chapeau.)

SCÈNE IV

MONSIEUR DOULAN un instant, puis BLAISE.

MONSIEUR DOULAN.

Ce petit garçon est tout à fait intéressant, c'est une bonne action de le sauver; il a l'œil franc, l'air ouvert, il est honnête, il est intelligent. *(Blaise entre.)* Que me veux-tu, toi?

BLAISE.

Monsieur le maire, mon père vous fait dire que le rapport à M. le sous-préfet n'attend plus que votre signature.

MONSIEUR DOULAN.

C'est bon! j'y vais.

BLAISE.

Monsieur, puis-je voir...

MONSIEUR DOULAN.

Ton amie Babet? Oui, mon garçon, elle va venir ici tout à l'heure, avec un petit bonhomme que je protège. Toi et Babet, faites-le jaser.

(Il sort.)

BLAISE, seul.

Quel est ce petit-là? Je n'aime point, moi, les figures nouvelles. Ce serait-il un parent de la mère Gertrude? S Babet allait me le préférer? Il ne faut pas que ce petit-là reste ici.

SCÈNE V

BLAISE, BABET.

BLAISE.

Où est-il le protégé de M. le maire?

BABET.

Avec ma mère qui le met plus propre; il était plein de poussière à ne pas le toucher.

BLAISE.

Est-il ton cousin?

BABET.

Lui! mon cousin?... C'est un mendiant!

BLAISE.

Un mendiant! Ah! un mendiant! Et M. le maire le

protège! Que va-t-il en faire? C'est peut-être un petit voleur.

BABET.

C'est bien possible.

BLAISE.

Tu ne joueras pas avec lui, hein?

BABET.

Moi! non, vraiment. Jouer avec un mendiant! Pour qui me prends-tu?

BLAISE.

Je croyais que c'était un parent de ta mère, et je n'étais pas content, sais-tu?

BABET.

Tu me fais rire ; tu craignais peut-être que je lui donne des gâteaux, au lieu de partager avec toi quand ma mère en fait pour Monsieur?

BLAISE.

Eh bien... oui! et de te voir me le préférer, là!...

SCÈNE VI

BABET, BLAISE, MARIN, *tenant son chapeau.*

BABET.

Tiens! le voilà.

MARIN.

Ah! que c'est grand cette maison. Où donc est-il le monsieur?

BABET.

Il est sorti.

MARIN.

Dis-moi comment il s'appelle.

BLAISE.

Pourquoi donc tutoies-tu Babet? Tu ne le dois pas, toi qui es un mendiant.

MARIN.

Le monsieur m'a dit que je ne le serais plus.

BLAISE.

Bah! tu dois être un paresseux comme tous les vagabonds.

MARIN.

Non, j'aime bien travailler. Savez-vous ce qu'il va me faire faire?

BABET.

Il va peut-être te mettre au jardin pour arracher les herbes, ou à l'écurie pour soigner les chevaux.

MARIN.

Oh! je suis trop petit pour soigner les chevaux, mais je saurai bien arracher les mauvaises herbes; puis je jouerai peut-être avec ses enfants.

BLAISE.

Toi! D'abord, monsieur le maire n'en a point; puis, il en aurait, qu'un mendiant ne jouerait pas avec eux, pas plus qu'avec Babet.

MARIN.

Mais si j'ai été un mendiant, ce n'est pas paresse, ça n'a été que depuis trois jours et bien malgré moi. Mais je ne le suis plus... Je vais travailler. Vous travaillez aussi, vous?

BABET.

Moi, je vais à l'école où j'apprends à lire et à écrire.

BLAISE.

Moi, mon père est instituteur et secrétaire de la mairie.

BABET.

Blaise sait de plus compter très bien.

MARIN.

Je sais lire aussi l'imprimé, mais pas l'écriture, excepté que je lis une lettre de papa que je sais par cœur.

BABET.

Alors, tu la récites, mais tu ne la lis pas.

MARIN.

C'est la seule lettre que j'aie jamais reçue, aussi je l'avais mise dans une boîte, et quand je suis parti avec maman, je l'ai bien enveloppée de papier et je l'ai emportée.

BABET.

Où est-elle cette lettre?

MARIN.

Elle est... elle est... quelque part.

BABET.

Montre-la-nous.

MARIN.

Non, je ne l'ai pas dépliée depuis que maman est morte; d'abord, je ne veux pas la déchirer, et puis j'aurais trop peur qu'on me la prenne.

BLAISE, *haussant les épaules.*

Il dit ça pour faire croire qu'il a eu des parents.

BABET.

Tous les petits coureurs sont des menteurs.

MARIN, *en colère.*

Il ne faut pas m'injurier comme ça, ou je me plaindrai au bon monsieur. C'est très laid de mentir, aussi je ne mens jamais, entendez-vous? Je ne veux plus vous parler, vous avez mauvais cœur, tous les deux.

(Il se met dans un fauteuil tenant son chapeau serré entre ses bras.)

BABET.

Bon! il n'est pas gêné, il se met dans le fauteuil à monsieur.

BLAISE.

Laisse-le, monsieur le maire va l'y trouver, il verra bien le peu de respect de ce petit-là pour lui, il en débarrassera du coup la maison.

BABET, regardant Marin.

On dirait qu'il dort. Comme il serre son chapeau, c'est peut-être dedans qu'est sa fameuse lettre.

BLAISE.

Si l'on voulait...

BABET.

Mais il ne faut pas vouloir.

BLAISE.

C'est-il sûr qu'il dort? (Il s'approche et va le regarder.) Ma foi oui, il dort. Ça aura couru toute la nuit... ou couché sur les grands chemins. Ce n'est pas prudent d'avoir des gens comme ça chez soi.

BABET, s'attendrissant.

Pauvre petit, il est à bout de forces. Ça me fait pitié. Ne sois pas si mauvais pour lui.

BLAISE, ironiquement.

Oui dà? Je vais peut-être en faire mon camarade. Compte là-dessus!

SCÈNE VII

Les Mêmes, MONSIEUR BOULAN.

BLAISE.

Monsieur le maire, regardez, le voilà, et sans gêne, dans votre fauteuil.

MONSIEUR DOULAN.

Comme il dort, le pauvre enfant! Il est vraiment joli. Avez-vous causé avec lui?

BABET.

Oui, monsieur.

MONSIEUR DOULAN.

Que vous a-t-il dit?

BLAISE.

Qu'il avait des parents, ce n'est peut-être pas vrai.

MONSIEUR DOULAN.

Non, ce n'est pas vrai, à moins qu'il ne m'ait trompé.

BLAISE.

Je le croirais bien qu'il a trompé monsieur.

BABET.

Blaise, il n'a pas dit qu'il avait des parents.

BLAISE.

Si, il l'a dit.

BABET.

Il a dit qu'ils étaient morts et qu'il avait une lettre de son père?

MONSIEUR DOULAN.

Il a une lettre de son père?

BABET.

Et si je ne me trompe, elle serait peut-être dans la doublure de son chapeau. Regardez comme il le serre dans ses bras, son chapeau.

MONSIEUR DOULAN.

Cette lettre pourrait peut-être me renseigner... Je vais la lui demander.

BLAISE.

Il ne veut pas la montrer; mais monsieur le maire pourrait tout de même la prendre.

MONSIEUR DOULAN.

Évidemment.

(Il va prendre le chapeau à Marin, dont le premier geste en se réveillant est de retenir son chapeau de toutes ses forces.)

MARIN.

Ah! c'est le bon monsieur. *(Il se lève.)* Pardon!... je me suis endormi, comme autrefois dans le fauteuil de maman...

MONSIEUR DOULAN.

Ta mère avait un fauteuil?

MARIN.

Oh! oui, et d'autres, quand papa était avec nous; quand il a été parti, il y en avait encore, puis il n'en est plus resté qu'un.

MONSIEUR DOULAN.

Ton père a donc quitté ta maman?

MARIN.

Oui, il est allé en Amérique; c'est très loin, à ce qu'i paraît, l'Amérique?

MONSIEUR DOULAN, *vivement*.

Ton père est allé en Amérique, dis-tu? Tu es bien sûr, en Amérique?

MARIN.

Oui, lui et maman en ont eu assez de chagrin. Depuis, quand maman m'embrassait, elle me disait de ne pas l'oublier... et quand nous avons pris la diligence et que j'ai emporté la lettre de papa...

MONSIEUR DOULAN.

Tu l'as encore, cette lettre?

(*Marin ne répond pas.*)

BLAISE.

Oui, il l'a.

BABET.

Il la sait par cœur.

MONSIEUR DOULAN.

Est-ce que tu ne veux pas me la montrer? Est-elle signée?

MARIN.

Oui, elle est signée.

MONSIEUR DOULAN.

Ton père s'appelait?...

MARIN.

Je l'appelais papa.

MONSIEUR DOULAN, *un peu agité*.

Donne-moi sa lettre.

MARIN.

Non, monsieur.

MONSIEUR DOULAN.

Pourquoi?

MARIN.

Maman m'a dit de la garder toujours comme souvenir.

MONSIEUR DOULAN.

Mais je ne veux que la lire et non te la prendre. Je te la rendrai ; je comprends que tu y tiennes à cette lettre, mon pauvre petit.

MARIN.

Alors, bien sûr, vous me la rendrez?

MONSIEUR DOULAN.

Je te le promets. Donne, donne. (Marin la prend dans son chapeau, ôte le papier qui l'enveloppe.)

MARIN.

Vous voyez. — *Pour mon fils.* — Je vais vous la lire moi-même. (Lisant.) « Mon cher petit enfant. Je voudrais bien te voir; mais je ne sais pas encore si de longtemps ce sera possible. Il faut, mon pauvre chéri, que je travaille encore et loin de toi et loin de ta mère, hélas! pour assurer votre avenir. De ton côté, toi, mon enfant, sois sage et travaille aussi pour devenir un homme. Aime ta mère par-dessus tout... Remplace-lui tout... Je suis bien sûr qu'auprès d'elle tu ne perdras pas le souvenir de ton père... Je t'embrasse et te bénis, mon fils, mon fils bien-aimé. » (Le petit Marin dont la voix s'est altérée à mesure qu'il lisait, à Babet, en pleurant.) Vous voyez que je la lis bien.

MONSIEUR DOULAN, *très agité.*

Montre-moi, mon enfant, la signature de cette lettre.

LA PIECE DE VINGT FRANCS.

Ô MON DIEU! JE VOUS RENDS GRACE.

MARIN.

Tenez... Voyez vous-même.

(Il lui donne la lettre, M. Doulan s'en saisit.)

MONSIEUR DOULAN.

Marin Doulan! Lui! lui! mon frère! Il n'y a plus à en douter.

MARIN, *tendant la main.*

Ma lettre, ma lettre!

MONSIEUR DOULAN, *attirant Marin.*

Oh! cher enfant! (Il le serre dans ses bras.) Toi, toi, le fils de mon frère! O mon Dieu! je vous rends grâce!

(Il pleure.)

MARIN, *effaré.*

Vous pleurez?... Est-ce que je vous ai fait de la peine?

MONSIEUR DOULAN.

Bien au contraire, pauvre petit... Tu ne devines donc pas que ce parent que vous cherchiez, ta mère et toi, c'est moi. Tu es le fils de mon frère... Tu es mon neveu, tu es mieux que cela, tu es dès aujourd'hui mon enfant bien-aimé, la joie de mes vieux jours.

MARIN, *lui essuyant les yeux avec ses mains.*

Ne pleurez donc plus, monsieur, je vous aimerai bien, beaucoup, beaucoup, presque comme j'aimais papa.

MONSIEUR DOULAN.

Et moi je t'aimerai comme t'aimait ton père.

(Il l'embrasse.)

BLAISE (*à part*).

Le neveu de monsieur le maire, c'est pas amusant;

ça, mais c'est égal. *(Haut.)* Mon petit monsieur, je vous demande bien pardon...

MARIN.

Tiens, tu ne me tutoies plus! Bah! ça ne fait rien. Je jouerai tout de même avec toi et avec Babet.

DÉSOBÉISSANT

PERSONNAGES :

**PAUL — ANNETTE. — CATHERINE. — MARTHE.
MADAME BELLET.**

Un appartement. Porte au fond, porte à gauche donnant sur une chambre, table, sièges.

SCÈNE PREMIÈRE

ANNETTE, CATHERINE, *écrivant.*

ANNETTE, *penchée vers elle.*

Où en es-tu ? J'ai fini mon devoir sur le Déluge.

CATHERINE.

J'en suis à la colombe qui revient avec la branche d'olivier dans le bec.

ANNETTE.

J'ai toujours pensé que la branche devait être toute petite pour que la colombe pût la porter.

CATHERINE.

Les colombes étaient bien plus fortes qu'à présent, sans doute.

ANNETTE.

Les habitants de l'Arche ont dû être bien contents en voyant que l'eau s'était retirée.

CATHERINE.

Pour aller où ?

ANNETTE.

Dans la mer.

CATHERINE.

C'est pour ça qu'il y en a tant, d'eau, dans les bains de mer.

ANNETTE.

Presse-toi un peu.

CATHERINE, *écrivant.*

Les voilà qui sortent de l'Arche avec tous les animaux.

ANNETTE.

On devait bien s'ennuyer dans l'Arche.

CATHERINE.

Oh ! non ; j'aime tant les bâteaux et les bêtes, je me serais amusée avec les chiens, les oiseaux, les petits agneaux, j'aurais regardé les poissons et j'aurais essayé d'en prendre avec du fil.

ANNETTE.

Il y avait des animaux méchants.

CATHERINE.

Dans ce temps-là les lions et les tigres étaient doux comme des moutons. Il n'y avait que les hommes qui étaient méchants.

ANNETTE.

Les lions et les tigres ont bien changé. Maintenant ce sont les hommes qui sont sages.

CATHERINE.

Là, c'est fait. Je vais faire sortir Noé le dernier avec ses fils, comme le commandant du vaisseau. Mais où donc est Paul ?

ANNETTE.

Il apprend sa leçon.

CATHERINE.

Tu peux être sûre que non. Son précepteur est absent, il en aura profité pour ne rien faire du tout. Entre nous, le petit frère est terriblement paresseux.

ANNETTE.

Alors appelons-le ; nous nous amuserons avec lui.

CATHERINE.

D'autant mieux qu'il pleut et que nous ne pouvons sortir.

SCÈNE II

Les Précédentes, PAUL, *entrant tout mouillé.*

ANNETTE.

D'où viens-tu ? tu es trempé : une vraie soupe. Est-il possible d'aller dehors par un temps pareil !

PAUL.

C'est vrai, je suis un peu mouillé, mais c'était avant la pluie. Je suis tombé dans l'étang.

ANNETTE.

Tombé dans l'étang ! Maman qui nous a tant défendu d'en approcher. Vilain désobéissant, va !

PAUL.

Je n'y retournerai pas, allez. Un moment je me suis cru noyé.

CATHERINE.

Comment as-tu pu faire une pareille chose ?

PAUL, *grelottant.*

J'ai voulu pêcher.

ANNETTE.

Tout seul ? Si tu t'étais noyé pour tout à fait ?

PAUL, *toujours grelottant.*

Il ne s'en est guère fallu ! Mais c'est la faute du garde, qui a laissé les lignes dans l'antichambre ; en passant je les ai vues, et ça m'a donné l'idée de pêcher. J'ai pris par le petit bois, je suis arrivé à l'étang... J'ai vu des poissons qui sautaient en l'air. Alors j'ai jeté la ligne ; mais elle était trop longue, elle s'est embarrassée dans une branche de saule, c'est en la retirant que j'ai glissé.

ANNETTE.

Tout au fond de l'étang ?

PAUL.

Je ne sais pas ; mais j'ai bu, oh ! un fameux coup ! J'ai empoigné la maudite branche, qui pliait... Je ne pouvais pas sortir... C'est terrible, allez. Je criais, je criais...

CATHERINE.

Tu criais !...

PAUL.

Personne n'était là, j'étouffais... Enfin, j'ai mis les deux mains bien doucement l'une après l'autre pour grimper... J'ai senti le bord. Quand j'ai pu y poser un pied, j'ai encore eu peur de glisser ; le cœur me battait d'une force !

Enfin, je me suis trouvé sur l'herbe; une fois là je me suis relevé, puis je me suis mis à courir. J'étais sauvé, mais j'ai bien froid tout de même.

ANNETTE.

Je crois bien.

PAUL.

Entends-tu comme les dents me claquent. Oh! là là! quel froid!

ANNETTE.

Il faut bien vite aller te changer.

PAUL.

Oui, mais pour aller dans ma chambre il faut passer par celle de maman, je mettrai de l'eau partout.

CATHERINE.

C'est vrai. Comment faire?

ANNETTE.

Il ne peut pas rester comme ça, cependant.

PAUL, *pouvant à peine parler.*

Oh! non, j'en mourrais.

ANNETTE.

Eh bien, là, dans ma chambre, va te déshabiller, tu t'envelopperas dans quelque chose.

CATHERINE.

Oui, et tu nous passeras tes habits, nous les ferons sécher.

PAUL.

Avec quoi m'envelopper?

ANNETTE.

Prends une de mes robes, un peignoir dans le tiroir de la commode.

PAUL, *grelottant.*

Oui, oui, oui.

(*Il entre dans la chambre.*)

ANNETTE.

Il peut en être malade, sais-tu?

CATHERINE.

C'est sa faute. Si maman apprend qu'il est allé à l'étang, il sera encore joliment puni.

ANNETTE.

Et nous aussi, peut-être, pour avoir caché sa faute.

CATHERINE.

Par exemple! Est-ce que nous pourrions le dénoncer?

ANNETTE.

Non, mais si maman nous interroge?

CATHERINE.

C'est différent. Il faudra tout dire alors. On ne doit jamais mentir.

ANNETTE.

Oh! non; d'abord, maman déteste les menteurs. (*A travers la porte.*) Paul, es-tu prêt?

PAUL, *derrière la porte.*

Pas encore; mes effets sont collés sur moi, je ne peux pas les ôter. Je tremble. Est-ce que vous pourriez m'aider?...

ANNETTE.

Impossible. Quand tu seras rhabillé, je te tirerai tes brodequins.

PAUL.

Ah! voilà ma veste à bas... J'ai envie de couper la ceinture de mon pantalon.

ANNETTE.

Alors on saura...

PAUL.

Tant pis! je l'arrache, c'est comme une peau de grenouille... Ma chemise est déchirée, il n'y avait pas moyen...

ANNETTE.

Passe-moi vite tes habits.

PAUL, *les jetant en entr'ouvrant la porte.*

Les voilà... Tenez... voilà mes bas aussi et mes souliers... Ouf!

CATHERINE.

Maintenant enveloppe-toi bien.

ANNETTE.

Quel malheur! Le plancher est tout mouillé.

CATHERINE.

Porte les vêtements à sécher, je vais essuyer le plancher.

(*Annette sort avec les habits.*)

SCÈNE III

CATHERINE, PAUL, *toujours dans la chambre.*

PAUL.

Je ne sais pas comment ça s'attache une robe.

CATHERINE.

Avec les agrafes.

PAUL.

Je ne peux pas en venir à bout. Qu'est-ce qu'on se met sur les épaules et sur le cou?

CATHERINE.

Un fichu et un col.

PAUL.

Tout ça c'est trop petit, trop court; on me voit les jambes.

CATHERINE.

Ça ne fait rien pour un instant.

PAUL.

Les manches sont trop étroites, je les ai déchirées sans le vouloir.

CATHERINE.

Maladroit! Un malheur n'arrive jamais seul, à ce qu'il paraît.

PAUL.

Si tu crois que c'est facile aussi? Ah! que c'est désagréable tous ces chiffons-là. Je ne voudrais pas être une fille, bien sûr.

CATHERINE.

Ni moi un garçon, pour risquer de me noyer dans l'étang sous prétexte de pêcher.

SCÈNE IV

Les Mêmes, ANNETTE.

ANNETTE.

Ses habits sont étendus au soleil dans le bois. Paul n'est pas encore habillé?

PAUL.

Si, me voilà.

(*La robe est mise sens devant derrière, et lui vient juste au-dessous des genoux;*

les manches sont en loques, il a une serviette autour du cou. Il attire la porte derrière lui, elle se ferme avec bruit.)

ANNETTE et CATHERINE, *riant aux éclats.*

Ah! cette demoiselle! Ah! ah! ah! Bonjour, mam'selle Pauline!

CATHERINE.

Regarde un peu comme il a accroché sa robe.

(Elles rient.)

ANNETTE, *à Paul.*

Qu'as-tu donc autour du cou?

PAUL.

Une serviette; je n'ai pas trouvé de col ni de fichu

CATHERINE, *riant.*

Ni bas, ni chaussure.

PAUL.

Puisque c'était trop petit.

ANNETTE, *riant toujours.*

Ah! ah! ah! Quelle bonne caricature!

PAUL.

Eh bien, si vous continuez à m'ennuyer, je vais tout ôter, là.

ANNETTE.

En ce cas, tu iras te coucher. Nous ne pouvons pas te garder sans vêtements. Ah! ah! ah! *(Paul se met à marcher.)* Si tu te voyais! Ah! ah! ah! Regarde-toi donc dans la glace.

PAUL, *irrité.*

Je me vois bien assez comme cela. Est-ce bête des jupes!

CATHERINE.

Je n'ai jamais rien vu de si drôle. Un vrai carnaval ! Ah ! ah ! ah !

PAUL.

Aurez-vous bientôt fini de vous moquer de moi ?

ANNETTE.

Pourquoi es-tu allé à l'étang ? C'est bien le moins que tu sois un peu puni.

CATHERINE.

Dis donc, Annette, s'il venait quelqu'un, c'est ça pour le coup qui serait divertissant ?

PAUL.

Vous tairez-vous, une bonne fois ? Vous finissez par trop m'agacer, na !

ANNETTE, *riant.*

Il ne fallait pas désobéir... Est-ce que c'est nous qui t'avions demandé une friture ?

CATHERINE.

Chut !... Écoutez... On vient...

PAUL.

Je me sauve. (*Il va à la porte de la chambre.*) Bon ! elle est fermée, je ne peux pas l'ouvrir...

ANNETTE.

Et la clé est en dedans !

PAUL, *courant éperdu.*

Où me mettre, où me mettre ?

CATHERINE.

Cache-toi dans le grand fauteuil.

(*Paul s'y pelotonne.*)

DÉSOBÉISSANT.

CHE-TOI DANS LE GRAND FAUTEUIL.

PAUL.

Si c'est maman, je suis perdu.

SCÈNE V

Les Précédents, MARTHE, qui entre.

ANNETTE.

C'est mademoiselle Marthe.

MARTHE.

Bonjour, mesdemoiselles. Maman m'a fait conduire ici en voiture et m'a permis de passer la journée avec vous.

CATHERINE.

Ah ! c'est charmant.

MARTHE.

Nous ne nous sommes vues qu'une fois, mais nous nous aimons beaucoup déjà, n'est-ce pas ?

ANNETTE.

Oh ! oui, et maintenant que vous êtes notre voisine, nous nous verrons souvent, j'espère.

MARTHE.

Vous m'avez dit que vous aviez un frère, mais il n'était pas avec vous quand nous nous sommes rencontrées.

ANNETTE.

Nous vous le présenterons un de ces jours.

MARTHE.

J'en serai très heureuse. Vous permettez que j'ôte mon chapeau. (*En se détournant, elle aperçoit* Paul. Quelle est cette... personne ?

ANNETTE.

Une amie, une voisine.

MARTHE.

Ah! (Elle regarde Paul.) Est-ce qu'elle est malade?

CATHERINE, étouffant de rire.

Oui, très malade.

MARTHE.

Comment s'appelle-t-elle?

ANNETTE, riant.

Elle s'appelle... Elle s'appelle... Mademoiselle Grenouille.

MARTHE.

Vraiment! C'est un nom très distingué.

PAUL.

Est-ce stupide des plaisanteries pareilles!

MARTHE.

Elle ne peut pas se lever? Est-ce qu'elle est obligée de rester là comme un paquet?

PAUL, furieux.

Puisque je suis pieds nus.

MARTHE.

Elle est pieds nus. Pourquoi?

PAUL.

Il vaut mieux lui dire la chose tout bonnement.

ANNETTE.

Ma chère, c'est Paul, notre frère.

MARTHE.

Il s'est déguisé?

ANNETTE.

Non, il est tombé dans l'étang!

MARTHE.

Tombé dans l'étang !

PAUL.

Il ne faut pas le dire.

CATHERINE.

Il a désobéi à maman, c'est un étourdi.

MARTHE.

Ce n'est pas bien de désobéir... C'est qu'il pouvait se noyer !

PAUL.

Je l'ai échappé belle, allez ! Ah ! c'est bien terrible, je vous en réponds, de boire, de boire et d'étouffer ! Je ne peux pas y penser.

ANNETTE.

J'ai porté ses habits à sécher, il a une de mes robes en attendant. Elle lui va très bien.

MARTHE.

J'en suis persuadée.

PAUL.

Vous voyez, au lieu de me plaindre, elles ne font que se moquer de moi.

MARTHE.

Bah ! Levez-vous tout de même ; puisque je reste ici, il faut bien que je vous voie. Un peu plus tôt, un peu plus tard, qu'est-ce que cela fait ?

CATHERINE.

Allons, viens... n'aie pas peur.

(Paul descend du fauteuil; Marthe rit aux éclats; Annette et Catherine aussi.)

PAUL, à Marthe.

Vous aussi, voilà que vous vous y mettez ! Moi, je n'aime pas qu'on me rie au nez, je vous en avertis.

ANNETTE.

Dame, aussi, pourquoi es-tu allé à l'étang?

PAUL.

Eh! tu me dis toujours la même chose. Crois-tu que j'aie envie d'y retourner? Jamais. J'ai horreur de l'eau à présent, et des lignes, et des poissons, et des habits de fille surtout.

MARTHE.

Pauvre garçon! vous avez dû avoir bien peur?

PAUL.

Oui, une peur terrible, et j'ai pensé à maman qui ne me reverrait plus.

MARTHE.

Attendez, nous allons vous arranger un peu mieux.

ANNETTE.

Pas moyen! La porte de ma chambre est fermée, je ne peux plus l'ouvrir.

MARTHE.

Mettons-lui mon écharpe. (A Paul.) Voulez-vous?

PAUL.

Je veux bien.

MARTHE.

Il faudrait aussi retourner sa robe.

PAUL.

Impossible! Je n'ai que ça...

MARTHE.

Comment, pas de chemise, pas de jupon?

PAUL.

Rien! Ah! mais j'en ai assez. Annette, va me chercher mes habits.

ANNETTE.

Ils ne sont pas encore secs.

CATHERINE.

Eh bien ! tant pis, amusons-nous tout de même.

MARTHE, *en riant, à Paul.*

Voulez-vous danser, mademoiselle ?

PAUL.

Elle est méchante aussi... Une jolie demoiselle que je fais !... Je les déteste, les demoiselles qui se moquent d'un pauvre garçon dans la peine comme je suis à présent. Je serais meilleur que vous, moi ! Si vous aviez été dans l'eau, vous verriez si c'est aussi drôle que ça.

MARTHE.

Mais puisque c'est passé ! Ce n'est pas de votre chute d'ailleurs qu'on rit, c'est de votre costume, et vous feriez mieux d'en rire avec les autres...

ANNETTE.

Grand Dieu ! j'entends la voix de maman.

PAUL.

Cachez-moi, je vous en prie.

ANNETTE.

Où ? Ma chambre est fermée, tu le sais bien.

MARTHE.

Sous la table.

PAUL.

Oui.

(*Il se met sous la table.*)

CATHERINE.

On voit tes pieds.

PAUL.

Je vais me mettre à quatre pattes.

SCÈNE VI.

Les Précédents, MADAME BELLET.

MADAME BELLET.

Vous amusez-vous bien? Où donc est Paul?

MARTHE.

Nous nous amusons beaucoup, madame.

MADAME BELLET.

Tant mieux. Est-ce que vous n'avez pas vu Paul?

MARTHE.

Pardon, madame.

MADAME BELLET.

Pourquoi vous a-t-il quittées?

MARTHE.

Je ne saurais vous dire...

MADAME BELLET.

Réponds donc, Annette. Vous avez l'air embarrassées... Mon Dieu, lui serait-il arrivé quelque chose?

ANNETTE.

Ne vous inquiétez pas, maman.

MADAME BELLET.

Oh! mon Dieu! Il y a quelque chose; ne me cachez rien.

CATHERINE.

Ne vous effrayez pas, maman, chère maman, il n'y a pas de mal, je vous assure.

PAUL, *sous la table.*

O maman, pardonnez-moi.

LA POUPÉE DE RENÉE.

MA POUPÉE! MA POUPÉE!

MADAME BELLET, *tremblant encore*.

Où est-il? Sous la table! Qu'est-ce que tu fais là?

PAUL.

Je ne fais rien.

MADAME BELLET.

Viens ici tout de suite.

PAUL *montre la tête*.

Je vous en prie, maman, pardonnez-moi avant.

MADAME BELLET.

Quoi? qu'as-tu fait? (*Elle se penche, regarde.*) Qu'est-ce que cela signifie? Tu es nu-jambes et pieds nus. Sors de là, je te l'ordonne. (*Il sort.*) Une jupe! Que signifie ce déguisement ridicule et inconvenant? Comment, Annette, as-tu permis une pareille chose? Où sont ses habits?

ANNETTE.

Dans le bois, à sécher.

MADAME BELLET.

Comment, à sécher! Qu'est-ce que cela veut dire, mademoiselle?

PAUL.

Maman, ne la grondez pas... Elle n'a pas fait de mal. C'est moi qui vous ai désobéi.

MADAME BELLET.

Tu m'as désobéi?

PAUL.

Je suis tombé dans l'étang.

MADAME BELLET.

Dans l'étang! ah! mon pauvre enfant!

(*Elle tremble et le saisit dans ses bras.*)

PAUL.

Je ne me suis pas noyé, maman, vous auriez eu trop de chagrin.

MADAME BELLET, *le repoussant.*

Désobéissant! Allez, monsieur, je ne vous pardonnerai jamais.

PAUL *tombe à genoux et sanglote.*

Maman, j'ai eu si grand'peur et si grand froid! Je ne suis pas encore réchauffé.

MADAME BELLET.

Le malheureux peut en être malade.

(*Elle l'entoure de ses bras pour le réchauffer.*)

PAUL.

Si vous ne me pardonnez pas, je serai malade, bien certainement, car j'ai trop de chagrin.

MADAME BELLET.

Pour vous punir...

MARTHE.

Vous n'avez qu'à le laisser en fille, madame. Il n'est pas à son aise là-dedans, et ce n'est pas pour son plaisir qu'il s'est affublé de cette robe.

(*Les jeunes filles rient.*)

ANNETTE.

Maman, chère maman, il a couru un si grand danger! Il ne recommencera pas... Il a pensé à vous en se noyant.

PAUL, *pleurant.*

Oui, j'appelais maman.

(*Il sanglote.*)

CATHERINE.

Voyez! Il est tout pâle encore.

MADAME BELLET.

Méchant enfant. Il pouvait en mourir. Allez vite mettre des habits bien chauds. Nous verrons ensuite.

PAUL.

Quand vous m'aurez pardonné, chère maman.

CATHERINE et ANNETTE.

Faites-lui grâce! chère maman!

MARTHE.

Il se repent bien, j'en suis sûre.

MADAME BELLET.

Obéira-t-il désormais?

PAUL.

Oh! toujours! toujours!

MADAME BELLET.

Dieu entend ta promesse, méchant garçon! Embrasse-moi, et viens, car je ne puis pas rire, moi, de te voir ainsi affublé.

LA POUPÉE DE RENÉE

PERSONNAGES:
HENRI. — RENÉE.

Une chambre. — Une bergère, chaises, fenêtre, porte au fond.

SCÈNE PREMIÈRE

HENRI.

Ma bonne m'a enfermé dans la chambre de ma sœur parce que je voulais aller me promener pendant que maman est à déjeuner chez ma tante avec ma sœur; elle s'est dit: Il va bien être forcé de rester tranquille. Elle a tourné la clef de la porte en sortant, j'ai eu beau crier, elle n'est pas revenue et elle ne voulait pas m'entendre. Nanon, du fond de sa cuisine, ne le pouvait pas. Je suis tout seul depuis déjà bien longtemps. (Il bâille.) Si seulement j'avais ma balle ou mes quilles; mais dans les chambres de filles il n'y a rien pour les garçons. Ah! que je m'ennuie! *(Il bâille et se détire.)* A quoi m'amuser? *(Il monte sur une chaise, saute sur le parquet et recommence deux ou trois fois cet exercice.)* Ce n'est pas amusant de sauter tout seul. Je vais joliment dire à maman que Madeleine m'a enfermé et que je n'avais rien fait pour ça. J'espère bien que c'est Madeleine qui va être grondée! S'il y avait des joujoux ou seulement des livres dans la chambre de Renée, ça m'occuperait; mais il n'y a rien. *(Il cherche encore.)* Tiens, la poupée de Renée; est-elle assez laide, cette poupée-là! *(Il la prend.)* Comment les filles trouvent-elles cela amusant, une poupée? *(Il la fait sauter, puis il la jette en l'air et la reçoit; elle tombe; il la ramasse.)* Elle s'est cassé le nez! Est-elle bête! S'il était mauvais, son nez, c'est pas de ma faute; nos nez, à nous, ça saigne, mais ça ne se casse pas pour un rien, c'est plus solide. *(Il s'assied par terre en tenant la poupée.)* Tout de même, que va dire petite sœur? Elle est encore plus laide maintenant, sa poupée. Avec quoi est-ce fait une poupée? *(Il la regarde, la retourne, prend un petit couteau dans sa poche et fait un trou dans la peau.)* C'est seulement pour voir. Ça ne paraîtra pas; oh! ça a l'air de son; oui, c'est du son; y en a-t-il beaucoup? *(Il secoue et fait tomber le son.)* Comme ça sort! Je le remettrai. En voilà! en voilà! toujours! Y en a-t-il! Ah! il n'y en a plus. Elle est vide! Quelles jambes! sont-elles molles, sont-elles maigres, on dirait de vieux gants! *(Il rit.)* A présent, je vais la refaire, je vais remettre le son. *(Il essaye.)* Ça n'entre pas!... je ne peux pas... Que va dire petite sœur?... Est-elle méchante, cette Amélie! *(C'est le nom de la poupée.)* Pourquoi s'est-elle laissé vider, puisqu'elle ne voulait pas se laisser remplir après?... Elle ne peut pourtant pas rester comme cela. (*Il s'impatiente, la colère le prend, et il la bat.*) Ah! j'entends la voiture. (*Il se lève.*) C'est maman qui revient avec Renée. Déjà! Si l'on voit ce que j'ai fait, qu'est-ce qu'on va me dire? (*Il éparpille fébrilement le son avec les pieds, puis jette la poupée sur la bergère.*) Si seulement j'avais un balai!

(*La voix de Renée, au dehors.*)

— Henri! Henri! me voilà... (*La clef tourne, la porte s'ouvre. Henri s'assied vivement dans la bergère, sur la poupée, pour la cacher.*)

HENRI.

Elle est sous moi, on ne la verra pas.

SCÈNE II

HENRI, RENÉE.

RENÉE.

Je te cherche. Que fais-tu là?

HENRI.

Tu ne sais pas, cette vilaine Madeleine m'a enfermé dans ta chambre.

RENÉE *ôte son chapeau.*

Qu'avais-tu fait?

HENRI.

Rien du tout. Je suis sûr qu'elle a voulu se débarrasser de moi.

RENÉE.

Tu vas le dire à maman?

HENRI.

Oh! oui, je vais lui dire. Viens...

RENÉE.

Maman est avec quelqu'un et m'a recommandé de ne

pas la déranger. Tu le lui diras dès qu'elle sera seule. En attendant nous allons jouer, veux-tu?

HENRI.

C'est que je suis fatigué.

RENÉE.

De quoi?

HENRI.

D'avoir été enfermé, cela m'a ennuyé...

RENÉE.

Cherchons un joli jeu, cela te désennuiera. Lève-toi donc!...

HENRI *tâte avec la main si la poupée est bien sous lui.*

J'aime mieux rester assis.

RENÉE.

Qu'est-ce qu'il y a donc là par terre? On dirait que c'est du son.

HENRI.

Du son?

RENÉE.

Oui, partout.

HENRI.

Du son. On nourrit les poulets avec ça; si tu veux, nous aurons des poulets.

RENÉE.

Qu'est-ce qui a mis ce vilain son-là dans ma chambre?

HENRI.

T'es-tu bien amusée chez tante?

RENÉE.

Non, pas du tout. Allons! lève-toi. Pourquoi ne te lèves-tu pas?

HENRI.

Je suis très bien là. *(Il regarde si l'on ne voit pas la poupée.)*

RENÉE.

Eh bien, fais-moi place, je vais m'asseoir à côté de toi.

HENRI.

Oh! non, tu me gênerais trop.

RENÉE.

Non, je ne te gênerai point.
(Elle le pousse.)

HENRI.

Je te dis que si.

RENÉE.

Mais puisque nous nous y mettons souvent tous deux pour voir des images.

HENRI.

Le livre d'images n'est pas là.

RENÉE.

Ça ne fait rien.
(Elle pousse encore Henri qui met la main derrière lui pour tenir la poupée.)

HENRI.

Laisse-moi, laisse-moi, tu tiens trop de place, tu es trop grosse; depuis huit jours, c'est étonnant comme tu engraisses.

RENÉE.

Par exemple! *(Elle lui met les bras autour du cou et le renverse de côté. Elle aperçoit la poupée!!)* Qu'est-ce que c'est que ça que tu me cachais? Une poupée... *(Elle s'en saisit malgré Henri.)* Oh! serait-ce?...

HENRI.

Petite sœur, elle était dans ce coin-là.

RENÉE.

Ma poupée! ma poupée! Amélie! qu'est-ce qu'elle a? Et c'est toi... Oh! Henri!

HENRI.

Non, je ne savais pas... J'ai pas fait exprès. J'ai cru qu'elle était malade. J'ai voulu voir, j'ai voulu la guérir, alors elle a voulu m'échapper, elle est tombée toute seule et s'est cassé le nez; son nez ne valait rien.

RENÉE, *pleurant.*

Il a tué ma poupée! Il l'a tuée! Elle est morte... Je vais le dire à maman... Méchant, méchant que tu es, va!

HENRI.

Oh! petite sœur, je t'en prie, ne le dis pas... Si tu le dis, je serai puni.

RENÉE.

Oui, tu vas être puni, ce sera bien mérité. Je vais montrer Amélie à maman...

HENRI, *attrapant une jambe de la poupée que retient Renée.*

Je t'en prie. Je t'en achèterai une autre avec l'argent que grand-père me donnera pour mes étrennes.

RENÉE.

Lâche-la... Regarde comme elle est plate, comme elle a dû souffrir...

HENRI.

C'est vrai qu'elle est devenue très laide; mais celle que je t'achèterai sera très belle... J'étais tout seul, enfermé... et quand elle a eu le nez cassé, j'ai cru que c'était fini, et que tu ne voudrais jamais d'une poupée sans nez ; alors, pour la guérir, j'ai essayé...

RENÉE.

Moi qui l'aimais tant ! si ! si ! je vais la porter à maman...

HENRI, lâchant la poupée.

Eh bien, va, puisque tu veux me faire punir... Tu en aurais choisi une grande toute neuve ; mais si tu montres celle-là, je ne te donnerai rien du tout et ne m'amuserai plus jamais avec toi.

RENÉE, essuyant ses larmes.

La neuve sera-t-elle habillée ?

HENRI.

Oh ! oui, très bien, avec un chapeau.

RENÉE.

Elle sera blonde ?

HENRI.

Toute blonde. Mais tu vas la cacher, cette vilaine-là, n'est-ce pas ? Il ne faut plus qu'on la voie.

RENÉE.

Ah ! c'est que j'ai tant de chagrin ! (Elle regarde la poupée.) Ça ne repousse pas, un nez ?... (Elle la balance en la tenant par un pied.) Et puis elle est vide... Elle est morte !

HENRI.

Écoute. Si tu veux, nous allons aller l'enterrer dans le jardin ; nous lui ferons une jolie place, dans un bel endroit, où tu iras la regretter.

RENÉE, à demi consolée.

Tu seras le chantre.

HENRI.

Oui, et toi aussi.

RENÉE.

Moi, je la porterai, sans pouvoir chanter.

HENRI.

Oui, tu la porteras, et je marcherai devant.

RENÉE.

C'est ça, mais tu m'en achèteras bien sûr une autre?

HENRI.

Je te l'ai promis.

RENÉE.

Ma pauvre poupée! (Elle pleure.) Ah! elle est affreuse...

HENRI.

Cache-la dans ton tablier jusqu'au jardin.

RENÉE.

N'aie pas peur... Je ne veux pas que tu sois grondé. Mais il faut bien arranger son tombeau; tu me planteras des fleurs tout autour, et après nous viendrons les arroser souvent ensemble. C'est bien le moins que tu la regrettes, toi aussi, après le mal que tu lui as fait.

HENRI.

Certainement que je la regrette. Si c'était à recommencer, je ne lui casserais pas le nez, je ne lui ôterais pas tout son son, et je n'aurais pas à me repentir et à t'en acheter une toute neuve avec tout mon argent.

RENÉE.

Quand on ne veut pas se repentir, il ne faut pas faire de vilaines choses.

HENRI.

Tu as raison, cela coûte trop cher, et puis c'est mal, on se repent. Je ne recommencerai jamais.

(Ils sortent et vont au jardin pour rendre les honneurs funèbres à la défunte poupée.)

UNE CONSPIRATION

PERSONNAGES :

**PIERRE. — JACQUES. — GASTON. — M. PAIMPONT.
M. MATHIEU. — MADAME THÉRÈSE.**

La scène représente un salon, avec porte à droite, porte vis-à-vis et porte au fond. Fenêtre avec rideaux épais.

SCÈNE PREMIÈRE

PIERRE, JACQUES, puis GASTON.

PIERRE.

Nous n'avons pas besoin de nous presser. Nous ne partirons pas.

JACQUES.

Est-ce que notre frère est malade ?

PIERRE.

Non, il avalé son chocolat à la hâte. Je lui ai dit cependant qu'il avait le temps.

JACQUES.

Le voilà. *(Gaston entre en s'essuyant la bouche.)* Mon cher, nous ne partons pas.

GASTON.

Je n'ose encore le croire ; cependant, c'était abominable à M. Paimpont de nous ramener au collège quatre grands jours avant la rentrée, et de nous faire ainsi quitter pour son seul plaisir notre chère maman, si longtemps avant le jour indiqué. Ces quatre derniers jours-là auraient été les meilleurs, bien sûr. Est-ce que le vilain homme est levé ?

JACQUES.

Parle plus bas, il est là... et se croit du temps devant lui. J'espère qu'il dort encore.

PIERRE.

Pourvu qu'il n'ait pas remis sa pendule à l'heure ?

JACQUES.

J'ai retardé aussi celle-ci.

GASTON.

Comme c'est heureux que de lui-même, hier et comme pour nous aider, il ait laissé tomber sa montre, ce qui l'a détraquée ! Il n'a tout de même jamais pu la remonter, sa montre : elle s'était arrêtée net. Il a dit que bien sûr le grand ressort était cassé.

JACQUES.

Ai-je ri quand il s'est traité de maladroit et même d'imbécile !... Nous l'aurions payé pour faire ce qu'il a fait, hein !

PIERRE.

Ne faites pas tant de bruit, vous allez l'éveiller.

JACQUES.

Quand il ouvrira les yeux, il regardera l'heure à la pendule et se retournera sur son oreiller.

(Ils rient.)

PIERRE.

Je le déteste! nous voler, ainsi qu'à maman, les quatre plus beaux jours de notre vie! La diligence passe à six heures; il est plus de cinq heures et demie, et j'ai eu une fameuse idée! Je me suis arrangé pour l'empêcher si bien, ce M. Paimpont, qu'au dernier moment il ne saura à quel saint se vouer.

JACQUES.

Comment, qu'as-tu inventé?

PIERRE.

Tu le sauras tout à l'heure. Un égoïste; il ne veut partir que pour revoir plus tôt sa vieille tante Brigitte, dont il est l'héritier, et il persuade à maman que c'est pour que nous puissions choisir nos lits, être mieux vu du proviseur, qui devra être touché de notre empressement.

GASTON.

Ça nous est bien égal, à nous, sa tante Brigitte! Est-ce qu'on fait quitter à des fils leur maman rien que pour aller voir par intérêt sa tante à soi? M. Paimpont est un méchant, un être exigeant qui gronde toujours, et n'est jamais content que de lui-même. Il n'y a vraiment pas de quoi.

JACQUES.

Songe qu'il est notre tuteur.

GASTON.

Ce n'est que trop vrai! Mais revenons à notre affaire... Je commence à croire tout à fait que nous ne partirons pas.

PIERRE.

Moi, j'en suis sûr. J'y ai mis bon ordre, d'une autre façon encore... Voici ce que j'ai fait!

JACQUES et GASTON.

Voyons.

PIERRE.

Maman, au fond, va être bien contente de nous garder. Je crois qu'elle n'aime pas plus que nous M. Paimpont, qui n'est aimable pour personne, pas même pour elle.

GASTON.

Mais qu'as-tu fait?

PIERRE.

Le gros ventre du cousin Mathieu en rira bien.

JACQUES.

Voilà un brave homme; il n'est plus jeune, mais si gai, si bon! Alors?...

PIERRE.

Le cousin Mathieu est là. (*Il montre la chambre à gauche.*) et Paimpont ici. (*Il montre celle de droite.*) Eh bien... mais je ne veux rien vous dire; vous vous amuserez davantage quand vous verrez le résultat de mon entreprise.

GASTON.

Voyons, dis donc...

PIERRE.

Non; sachez seulement que je me suis levé cette nuit, bravant tous les dangers...

JACQUES.

Parle donc; maman sait-elle?

PIERRE.

Oh! non, par exemple! Mais comme je suis certain

qu'après tout elle sera ravie de nous avoir quatre jours de plus, je me suis risqué.

GASTON.

Elle ne pourra pas montrer sa joie, de crainte de mécontenter notre tuteur. Mais dis-nous ce que tu as fait.

PIERRE, *prêtant l'oreille.*

Chut!... (*Il va à la porte de droite.*) Rien... Quant à nous, nous voici prêts à partir, vêtus, les caisses fermées. (*Il rit.*) Ce ne sera donc pas de notre faute si nous restons, si nous embrassons encore ce soir notre chère maman, et toute la fin de cette semaine que M. Paimpont voulait nous voler.

JACQUES, *riant.*

Hypocrite! Pierre, nous voulons tout de même savoir ton équipée de cette nuit; nous comprendrons mieux et nous pourrons mieux aider si nous savons...

PIERRE, *allant à la porte à droite.*

Cette fois, j'entends... Il bâille... Il tousse... Il se mouche.

JACQUES.

Il est éveillé. Quelle heure est-il?

GASTON.

O mon Dieu! il a encore un quart d'heure pour s'habiller, et, s'il se presse, nous sommes perdus...

PIERRE.

Ne vous inquiétez donc pas, il n'est pas prêt d'être vêtu. Il n'est pas si prompt. D'ailleurs, la pendule est d'une heure en retard; elle le trompera, et heureusement il ne fait pas bien clair ce matin.

SCÈNE II

Les Mêmes, MADAME THÉRÈSE.

MADAME THÉRÈSE.

Mes chéris, je viens vous embrasser avant que vous partiez. Ah! ces quatre jours, comme je vais les regretter!

(*Elle les embrasse.*)

TOUS LES TROIS.

Chère, chère maman, vous lever si matin!

MADAME THÉRÈSE.

J'ai à peine dormi en pensant que vous alliez me quitter... Il a fait de l'orage, il pleut, cela m'inquiète de vous savoir en route par ce mauvais temps.

GASTON.

Et penser que nous pouvions rester quatre jours de plus, et que c'est ce méchant M. Paimpont!...

MADAME THÉRÈSE.

Mes chers petits, c'est pour votre bien. Il paraît que vous serez mieux couchés et mieux traités...

PIERRE.

Non, maman; seulement, notre tuteur est trop pressé de voir sa tante Brigitte.

MADAME THÉRÈSE.

Enfin, mes enfants, je serai pourtant plus tranquille de vous voir voyager avec lui que tout seuls. Il veillera sur vous.

GASTON.

Veiller sur nous! Vous ne le connaissez pas, maman. Il ne s'occupera que de lui et nous fera taire s'il veut dormir.

PIERRE.

Quel danger y a-t-il à monter en voiture pour n'en plus descendre qu'à Paris ? Nous sommes des hommes !

MADAME THÉRÈSE, *souriant.*

Oh ! pas encore... Mais que fait donc M. Paimpont ?

GASTON.

Il éternue... S'il n'y avait que moi pour lui dire : Dieu vous bénisse ! il ne serait pas béni de longtemps.

MADAME THÉRÈSE.

Gaston, Gaston, M. Paimpont est votre tuteur. (*Se tournant vers Pierre.*) Il faut appeler Jean pour descendre vos caisses.

PIERRE.

Maman, j'ai envoyé Jean au moulin.

MADAME THÉRÈSE.

Au moulin !... Pourquoi ?

PIERRE.

Pour qu'il se promène.

MADAME THÉRÈSE.

Es-tu fou ?

PIERRE, *écoutant à la porte de droite.*

M. Paimpont se lève... Maman, en grâce, ne nous montrons pas.

MADAME THÉRÈSE.

Qu'est-ce que ça signifie ?

PIERRE.

Mère chérie, seriez-vous contente de nous garder quatre jours de plus ?

JACQUES.

Toute la fin de cette semaine de joie pour nous !...

GASTON.

Qui vous aimons tant, ma petite maman.

MADAME THÉRÈSE.

Que voulez-vous dire?... Qu'est-ce que?...

PIERRE, *lui coupant la parole par un baiser.*

Vous êtes si bonne! Vite, maman, cachons-nous.

(*Ils veulent l'entraîner.*)

MADAME THÉRÈSE.

Mais non... mais non... Laissez-moi.

PIERRE.

Mais, maman, vous ne pouvez pas désirer voir M. Paimpont sans pantalon; eh bien! c'est comme cela qu'il va entrer. Venez, venez, chère maman.

MADAME THÉRÈSE.

Ils sont fous...

(*Tous sont cachés quand M. Paimpont entr'ouvre sa porte, passe sa tête en dehors.*)

SCÈNE III

LES MÊMES, *cachés,* MONSIEUR PAIMPONT.

MONSIEUR PAIMPONT, *appelant.*

Jean!... Jean!... Ma sonnette n'a plus de cordon, Jean!... Quel imbécile!... Jean!... Je n'ose sortir pour l'appeler... Que faire?... Jean!... Si on me rencontrait, ce serait choquant... Ah! le sot! l'étourdi! Allons, je vais me couvrir des effets qui sont là. Pas moyen de faire autrement pour retrouver les miens.

(*Il rentre chez lui.*)

MADAME THÉRÈSE, *à Pierre.* (*Ils reviennent en scène.*)

Va donc chercher quelqu'un; votre tuteur paraît être furieux.

PIERRE, *se frottant les mains.*

Il l'est.

MADAME THÉRÈSE.

Vous me faites trembler! Qu'avez-vous fait? Vous allez me brouiller avec lui.

PIERRE.

Non, maman, mais en revanche, je l'ai brouillé avec ses habits.

MADAME THÉRÈSE.

Je suis très mécontente, Pierre. C'est très mal de jouer des tours à quelqu'un auquel on doit du respect. Je vous croyais plus raisonnables et surtout meilleurs.

(On entend une voix sortant de la chambre à gauche.)

LA VOIX.

Jean! Jean! que diable as-tu fait de...?

MADAME THÉRÈSE.

M. Mathieu appelle aussi... Eh! quoi! vous riez... Cette plaisanterie peut mal tourner. Je veux savoir toute la vérité. Voyons, qu'avez-vous osé faire?

PIERRE.

Soyez tranquille, mère. Le cousin Mathieu va rire comme nous; nous l'aimons bien, et il nous aime.

(M. Paimpont entre, vêtu d'un pantalon sur lequel il marche, d'un habit qui lui tombe jusqu'à mi-jambes, et dont les manches dépassent ses mains; une est relevée, car il tient à la main un chapeau.)

JACQUES *s'écrie :*

En route! Voici la diligence.

GASTON.

Nous sommes prêts.

JACQUES.

Bon Dieu! monsieur, vous êtes habillé bien drôlement! Est-ce que vous vous seriez trompé d'habits?

MADAME THÉRÈSE.

Quels habits avez-vous là?

MONSIEUR PAIMPONT.

J'ai que Jean est un misérable, bon à renvoyer... Il m'a, je crois, au lieu de mes effets, apporté ceux de M. Mathieu. Quand et comment a-t-il fait cette sottise, je n'en sais rien, par exemple. *(Les enfants font de vains efforts pour ne pas rire.)* Comment! vous riez! Cela vous paraît drôle, à vous. Manquer la voiture, Mlle Brigitte, le collège, c'est pour vous un sujet de gaieté... *(Se tournant vers madame Thérèse.)* Et vous souffrez, madame, que ces trois polissons se moquent de leur tuteur?

MADAME THÉRÈSE, *riant malgré elle.*

Pardonnez-moi, mon cher monsieur Paimpont, c'est un rire purement nerveux. Mais, regardez-vous dans une glace, il est impossible d'y résister. *(Ils rient tous aux éclats.)*

MONSIEUR PAIMPONT.

C'est trop fort!... Si je suis ridicule, à qui la faute? A un de vos gens... et vous encouragez ces vauriens dans leur gaieté insolente!... Nous verrons. Je vous souhaite le bonjour. *(Il met son chapeau qui, trop large, lui tombe jusqu'aux épaules. Il crie sous cet éteignoir. Il veut l'enlever, mais ses mains sont embarrassées par la longueur des manches.)* Ho là là! j'étouffe, j'étouffe.

(Les rires s'abaissent.)

MADAME THÉRÈSE, *enlevant le chapeau.*

Mon pauvre monsieur Paimpont!

UNE CONSPIRATION.

OH! L... J'ÉTOUFFE!

SCÈNE IV

Les Précédents, MONSIEUR MATHIEU (avec un pantalon trop court, un habit trop étroit, un petit chapeau sur le haut de la tête.)

MONSIEUR MATHIEU, *riant.*

Ah! ah! ah! regardez-moi. En voilà une tournure!... (*Madame Thérèse et ses fils rient avec lui.*) Tiens! c'est M. Paimpont qui a pris mes habits... Je vous en fais bien mon compliment. Ils vous vont joliment, vous avez vos aises, vous, du moins. Quant à moi, je suis fort gêné; mais, ma foi, en passant devant la glace, je n'ai pas pu m'empêcher d'en rire. Ah! ah! ah!

MONSIEUR PAIMPONT.

Monsieur, cette méchante plaisanterie peut vous paraître drôle à vous; vous n'avez rien à faire, vous, monsieur, vous êtes un homme de loisirs; moi, j'ai des devoirs à remplir, et quand vous poussez ces petits drôles à se moquer d'un tuteur...

MONSIEUR MATHIEU.

D'un tuteur, non, mais de sa toilette inattendue et vraiment cocasse.

MADAME THÉRÈSE.

Mon cher monsieur Paimpont, encore faudrait-il savoir si c'est la faute de vos pupilles...

MONSIEUR PAIMPONT.

Regardez leur mine hypocrite, madame. Il n'y a qu'une mère pour s'y tromper; mais un tuteur n'est pas obligé d'être aveugle, et je ne vous cacherai pas que vous me feriez grand plaisir, madame, de chercher un tuteur plus disposé à rire que votre serviteur... J'en ai assez de la tutelle de vos enfants, et plus qu'assez.

MADAME THÉRÈSE.

Permettez, monsieur : j'étais reconnaissante du service que vous nous rendiez; mais, si d'être le tuteur de mes enfants est une charge trop lourde pour vous, je ne désespère pas de trouver pour eux un protecteur, sinon plus honorable, au moins plus indulgent.

MONSIEUR PAIMPONT.

Faites donc, madame, et le plus tôt sera le mieux. Je me démettrai dès demain d'une responsabilité dont on n'apprécie pas assez la gravité, selon moi, autour de vous.

MONSIEUR MATHIEU.

Allons, allons, monsieur Paimpont, la dignité est une bonne chose; mais, outre que notre costume à vous et à moi n'y prête guère en ce moment, vous n'avez pas pu croire, quand vous acceptiez la tutelle de ces deux collégiens, qu'ils se conduiraient avant l'âge comme des notaires. D'ailleurs rien de plus facile à concilier que tout cela. Le fardeau vous paraît trop lourd? Eh bien, je vous en déchargerai volontiers, aujourd'hui, tout de suite, s'il vous convient (Se tournant vers madame Thérèse et la saluant.) si cela toutefois peut vous convenir aussi, ma chère cousine.

MADAME THÉRÈSE.

Grand merci, cher cousin! J'accepte si M. Paimpont persiste.

LES ENFANTS, à part.

Quel bonheur!

MONSIEUR PAIMPONT, qui les a entendus.

Petits ingrats!... Monsieur, je vous remettrai mes comptes de tutelle.

MONSIEUR MATHIEU, *riant encore.*

En attendant, remettons-nous réciproquement nos habits. Qui de vous, mes enfants, veut venir m'aider à ôter ceux dans lesquels j'ai eu tant de peine à faire pénétrer mon trop gros individu?

LES ENFANTS.

Moi, moi, moi.

MONSIEUR PAIMPONT.

Vous voyez, madame, tout ce qu'un serviteur peu soigneux peut causer de désagréments.

MONSIEUR MATHIEU.

Bah! pour vous, c'est, en échange d'un bien qui durera, un petit désagrément d'un instant... Vous voilà déchargé à jamais d'une tutelle qui vous fatiguait, vous, et qui m'intéressera très fort au contraire. Le mal ne saurait vous paraître bien grand. Quoi qu'il en soit, madame a ses enfants quatre jours de plus, et ces gamins sont enchantés. Considérez les choses de ce côté, monsieur Paimpont, du côté des autres qui est souvent le bon, et vous en prendrez votre parti. Je vais envoyer à madame votre tante un télégramme où je m'accuserai d'être la cause de votre retard de vingt-quatre heures. Je ne suis pas son héritier, mais j'ai eu l'occasion de lui rendre plus d'un service; cette occasion peut se représenter, elle n'a pas de raison de me tenir la dragée haute, elle me pardonnera. Vous passerez ici une bonne journée de plus, très tranquille, sans responsabilité, puisque vous n'êtes plus tuteur. Nous aurons ce soir à dîner un faisan numéro un, que j'ai remis à la cuisinière; madame Thérèse fera monter une bouteille du vin que vous aimez. Quand nous aurons changé de culotte, vous et moi, vrai, je ne vois pas ce qui pourra manquer à votre bonheur.

(M. Paimpont sourit. — Les enfants vont l'embrasser.)

PIERRE et JACQUES.

Pardonnez-nous : nous sommes si heureux!...

MONSIEUR PAIMPONT.

Du faisan, du Latâche et plus de pupilles, ma foi, tout est pour le mieux. Monsieur Mathieu, allons nous déshabiller.

PIERRE s'avance sur le théâtre et chante.

Chaque acteur est bien modeste ;
Il craint donc, pour son débit,
De remporter une veste
Plus grande que son habit.
    Il tremblera,
    Landerirette,
    A moins de ça, (Il fait le signe d'applaudir.)
    Landerira.

UNE FAUTE

PERSONNAGES:

MAURICE. — AMÉLIE. — ANNA. — LEUR MÈRE.

Un salon.

SCÈNE PREMIÈRE

MAURICE, songeur, la tête appuyée sur la main;
AMÉLIE et ANNA entrent.

AMÉLIE.

Maurice, as-tu vu mon couteau?

MAURICE.

Comment l'aurais-je vu?

AMÉLIE.

Je l'ai peut-être laissé ici.

ANNA.

Il me semble que tu l'avais hier dans le jardin.

Nous avons coupé des baguettes, t'en souviens-tu, Maurice ?

MAURICE.

Est-ce que je sais, moi ?

AMÉLIE.

Oui, il me semble que je l'avais, puisque je coupais des baguettes. Mais je l'aurai sans doute remis dans ma poche.

ANNA.

Nous allons le retrouver. Mon oncle dit que rien ne se perd.

MAURICE.

Allons donc ! j'ai bien perdu deux de mes billes.

ANNA.

Une bille, ça roule.

AMÉLIE.

Puis une bille, qu'est-ce que cela ? au lieu que mon couteau est superbe ; c'est mon parrain qui me l'a donné, je lui ai donné deux sous, parce qu'un couteau coupe l'amitié ; le mien a deux lames, l'une ronde, l'autre pointue.

ANNA.

Les pointues, c'est dangereux.

AMÉLIE.

Je fais bien attention ; il y a une scie, un poinçon, un canif qui coupe très bien les crayons.

ANNA.

C'est le plus beau couteau que j'aie vu.

AMÉLIE.

Maurice, toi qui désires tant en avoir un pareil, aide-nous donc à chercher le mien.

MAURICE.

Non, cherchez-le vous-mêmes.

ANNA.

A-t-il l'air maussade, ce matin ! Qu'as-tu donc ?

MAURICE.

Je n'ai rien. Qu'est-ce que j'aurais !

ANNA.

Des choses que tu ne veux pas dire.

MAURICE.

Laisse-moi tranquille, tu es toujours après moi.

ANNA.

Tu as certainement mal dormi. Voyons (Maurice hausse les épaules.), sois un bon garçon, viens nous aider à chercher le couteau.

MAURICE.

Puisque j'aime mieux rester ici; vous êtes assez de deux pour ça.

AMÉLIE.

Viens, mon petit Maurice, je t'en prie.

MAURICE, *frappant du pied.*

Non, non, non.

AMÉLIE.

Vilain, mal complaisant !

ANNA.

Il n'est jamais comme ça, il faut qu'il soit malade ; regarde donc son air boudeur... Dis-nous ce que tu as, Maurice.

MAURICE.

Encore ! je n'irai pas... Vous m'ennuyez, à la fin.

AMÉLIE.

Viens, Anna... Je m'en souviendrai, va, Maurice.

(Elles sortent.)

SCÈNE II

MAURICE, *seul, regarde si elles ne sont plus là.*

Non, je n'irai pas... Il me semble qu'Anna me regardait... mais ça ne peut pas se voir, et personne ne sait que j'ai trouvé le couteau... *(Il regarde autour de lui; quand il voit qu'il est seul, il le tire de sa poche, le tourne et le retourne.)* Je le désirais tant! Depuis hier soir, je l'ai ouvert plus de vingt fois... Pourquoi l'a-t-elle perdu? Je l'ai trouvé dans l'allée, presque sous le sable; sans moi, on l'enfonçait en marchant; jamais on ne l'eût revu... il est donc à moi, et tant pis pour Amélie... — Quelqu'un! *(Il met vite le couteau dans sa poche.)* Non, personne. *(Il le reprend.)* Est-il joli!... Ma sœur n'y tenait pas tant qu'elle le dit, puisqu'elle le laissait traîner partout. Depuis qu'il est à moi... c'est-à-dire depuis que je l'ai trouvé, j'ai eu envie de le rendre... mais non, je le garde... Cela m'a pourtant empêché de dormir... Je me disais: — Je le rendrai... Je ne le rendrai pas... Mais si l'on découvre que je l'ai... on dira... Je ne veux pas dire ce qu'on dira... ça me fait trembler d'y penser... c'est pour ça que j'ai toujours peur... J'ai peur quand on me regarde... J'ai peur quand on m'en parle... *(Il ouvre une des lames.)* C'est égal, je suis bien content de l'avoir!... cependant je ne peux plus m'amuser à rien. Je crains toujours qu'Amélie ou Anna me disent: Tu as le couteau, et je ne pourrais pas m'empêcher de rougir. Ah! si maman savait... Quand elle m'a embrassé, ce matin, j'ai eu envie de pleurer. Suis-je bête! (Il remet le couteau dans sa poche.) Bah! personne ne le verra. Cependant, si l'on tâtait ma poche... J'ai envie de le cacher... de l'enterrer, j'irai le prendre de temps en temps... Oui, je serai plus tranquille... S'il n'avait pas la scie et le canif, je le rendrais... Pourquoi aussi ne m'en a-t-on pas donné un à moi, qui suis un garçon? Les garçons sont plus faits pour avoir des couteaux que les filles... On pourrait le voir là. (Il regarde sa poche.) Allons... (Il va pour sortir.)

SCÈNE III

MAURICE, AMÉLIE, ANNA.

ANNA.

Où vas-tu?

MAURICE.

Où je veux.

AMÉLIE.

Chercher mon couteau? Nous allons avec toi...

MAURICE.

Non, je vais m'amuser.

ANNA.

Nous nous amuserons aussi.

AMÉLIE.

Oui, car j'ai bien du chagrin.

MAURICE.

Du chagrin d'avoir perdu un méchant couteau, ça n'en vaut pas la peine.

ANNA.

Si tu perdais ton sabre, toi, serais-tu content?

MAURICE.

Personne n'a envie de mon sabre, ce n'est pas pour les filles, ni un couteau non plus. Qui est-ce qui prendrait mon sabre?

ANNA.

Un voleur.

AMÉLIE.

Personne de nous n'est un voleur.

ANNA.

Mais j'en ai vu un.

AMÉLIE.

Tu as vu un voleur?

ANNA.

Oui, j'étais avec papa; un voleur qui avait volé.

AMÉLIE.

Quoi donc?

ANNA.

Je ne sais pas; c'est dans la rue que je l'ai vu; les gendarmes l'avaient pris et lui avaient attaché les deux mains; il marchait la tête baissée. Sa figure était affreuse, ses habits déchirés. On le menait en prison. C'est très laid, un voleur.

AMÉLIE.

Comment peut-on voler?

ANNA.

Il n'y a que les mauvaises gens.

AMÉLIE.

Il devait avoir joliment honte, celui que tu as vu?

ANNA.

Oh! oui, les petits garçons criaient : — C'est un voleur !

AMÉLIE.

En avais-tu peur ?

ANNA.

Non, j'étais avec papa.

AMÉLIE.

Tous les voleurs sont pris, n'est-ce pas ?

ANNA.

Je crois bien ! Tous les gendarmes les cherchent.

AMÉLIE.

Ce n'est pas voler que de prendre un peu de dessert ?

ANNA.

Je n'en prends jamais... car le petit Jean, le fils d'un voisin, montait par-dessus le mur pour voler des fruits dans notre potager ; alors papa a dit qu'il le ferait mettre en prison.

AMÉLIE.

Nous n'avons jamais vu de voleur, n'est-ce pas, Maurice ?

ANNA, à Maurice.

Réponds donc.

MAURICE.

Je ne sais seulement pas ce que vous dites.

ANNA.

Nous parlons de voleur, en as-tu vu ?

MAURICE.

Où en aurais-je vu ? On n'a pas ça écrit sur le front.

ANNA.

On les découvre tout de même. Mais comme tu es pâle ! tu es malade, bien sûr.

AMÉLIE.

Est-ce que tu es malade ? Je vais aller dire à maman...

MAURICE, *l'interrompant.*

Puisque je vous dis que je n'ai rien.

AMÉLIE.

Veux-tu que je te donne de mon sucre d'orge ? J'en ai encore.

MAURICE.

Je n'en veux pas.

ANNA.

Eh bien, si tu n'as rien, jouons ensemble, embrassons-nous.

MAURICE.

Pourquoi m'embrasser ? quelle idée !

ANNA.

Si, je veux t'embrasser.

MAURICE.

Je ne veux pas.

ANNA.

Tiens-le, Amélie, je vais l'embrasser de force.

MAURICE.

Laisse-moi tranquille. (*Il va pour sortir, Amélie et Anna le retiennent en riant.*)

ANNA.

Ah ! ah ! nous le tenons. Qu'as-tu dans ta poche ?

MAURICE, *la repoussant.*

Vas-tu me laisser !

ANNA.

Tu as... je le sais...

MAURICE.

Non, tu ne le sais pas.

ANNA.

Je vais te le dire tout de suite.

MAURICE, *l'interrompant.*

Ce n'est pas vrai.

AMÉLIE.

Elle n'a pas dit quoi...

MAURICE.

Elle voulait dire que c'était le couteau.

ANNA.

Oh ! est-il possible ! t'accuser de l'avoir pris, toi ! Non, non, je te sais un trop brave garçon. Comment peux-tu me croire capable d'être si méchante envers toi ? Amélie, n'est-il pas vrai que je n'ai pas pensé cela, ni dit chose pareille ?

AMÉLIE.

Jamais !... (A *Maurice.*) Tu te trompes, mon petit Maurice... Il pleure... Ne pleure pas... Il n'y a pas de quoi... (*Il sanglote.*) Je te jure qu'Anna ni moi ne penserions tant de mal de toi... Et pour te consoler, je te promets que si je retrouve mon couteau je te le prêterai... C'est fini.

ANNA.

Oui, c'est fini... Mais c'est l'heure de notre goûter... Venez-vous ?... Viens, Maurice.

MAURICE.

Je n'ai pas faim.

AMÉLIE.

Eh bien ! nous t'apporterons une poire. *(Elles sortent.)*

SCÈNE IV

MAURICE, *seul.*

Je ne peux pas vivre avec ce poids-là sur le cœur ; depuis que j'ai ce maudit couteau, je suis trop inquiet ; en ce moment je n'ose seulement pas le toucher... Comment ai-je pu le prendre ? Si rien que pour prendre des fruits on est un voleur... — quel vilain mot ! — Ce n'est pas que j'aie peur de la prison... non... mais j'ai bien du regret de ce que j'ai fait... Je ne savais pas... Je l'ai vu... puis je l'ai ouvert... puis je l'ai caché... Je voudrais bien n'avoir pas fait ça... Ah ! jamais, jamais je ne prendrai plus rien ! J'ai envie de le jeter dans le puits. Je ferais mieux de le rendre, mais comment faire pour qu'on ne sache pas que je l'avais ?... Si je le mettais dans la cheminée ? Ça l'abîmerait... Où le mettre, mon Dieu, pour m'en débarrasser ? Sous un fauteuil... elles ont balayé devant, mais elles n'ont pas cherché dessus... On peut le poser là sans y penser. *(Il va au fauteuil, retourne sa poche, et, sans le toucher, laisse tomber le couteau.)* Il est un peu trop en arrière, mais tant pis, je n'y toucherais pas pour tout à présent. Ah ! quel bonheur de ne plus l'avoir. Je respire ! Ce soir j'embrasserai bien maman. Qu'on est bête de mal faire, ça vous rend trop malheureux.

SCÈNE V

MAURICE, ANNA, AMÉLIE.

AMÉLIE.

Tiens, voilà une poire.

MAURICE.

Merci. Oh! qu'elle est bonne! J'ai faim maintenant.

ANNA.

Te voilà plus gai.

MAURICE.

Oh! oui! Vous ne l'avez peut-être pas trouvé?

AMÉLIE.

Mon couteau? Non, il ne faut plus y penser, c'est un malheur.

MAURICE.

Voulez-vous jouer?

ANNA.

A quoi?

MAURICE.

Au chat perché.

ANNA.

Tu seras le loup?

AMÉLIE.

Ça serait plus facile dehors.

MAURICE.

Non, dans le jardin il n'y a qu'un banc.

AMÉLIE.

Oui, mais si nous abîmons les sièges?

ANNA.

Bah! nous ne les abîmerons pas.

MAURICE.

Allons, commençons.
(*Elles jouent et rient. Anna a sauté sur le fauteuil où se trouve le couteau, Maurice veut l'en faire descendre.*)

ANNA.

Ce n'est pas de jeu. (*Elle saute à bas, entraînant le fauteuil.*)

MAURICE.

Tu es prise !

ANNA.

Non, c'est le fauteuil qui est tombé ; ça ne doit pas compter.

AMÉLIE.

Vous l'avez cassé. (*Elle le relève et jette un cri.*) Mon couteau entre le siège et le dossier. Comment est-il venu là ?

ANNA.

Il aura glissé de ta poche.

MAURICE.

Oui, ou tu l'y auras jeté sans le savoir. Tu es contente, petite sœur ?... Ah ! que je suis content aussi que tu l'aies retrouvé, ton joli couteau.

AMÉLIE, *tendant le couteau à Maurice.*

J'avais promis de te le prêter. Tiens... prends-le, et même, si tu veux, garde-le tout à fait. Il te plaisait tant.

MAURICE, *atterré.*

Le garder, le garder... non, non, je ne mérite pas même d'y toucher...
(*Il tombe en sanglotant dans un fauteuil, se cache la figure dans ses mains. Anna et Amélie, ne comprenant rien à ce chagrin subit, vont à lui pour l'embrasser. Maurice les repousse.*)

Ne m'embrassez pas. Je volerais votre amitié comme... comme j'avais volé le couteau... oui, volé.

UNE FAUTE.

TIENS! VOILA MON COUTEAU.

AMÉLIE.

Mais tu es fou, Maurice. Un couteau perdu et retrouvé ne peut pas être un couteau volé. De quoi t'accuses-tu?

MAURICE, *pleurant à chaudes larmes.*

Si, si, quand vous l'avez retrouvé sur le fauteuil, il n'était plus volé, c'est vrai; mais auparavant, quand vous le cherchiez et que je vous laissais faire et que je le tenais caché dans ma poche, c'était bien un couteau volé, dites! Et ma poche était bien la poche d'un voleur. Oui, oui, j'ai voulu être un voleur, mais à la fin je ne l'ai pas pu; alors j'ai mis le couteau là pour qu'il fût trouvé par vous-mêmes et pour vous cacher ma faute. Mais j'étais tout de même trop malheureux, car, après ça, si je n'étais plus un voleur, j'étais tout de même un menteur. J'aime mieux que vous sachiez tout, et il faut aussi que maman sache tout. Je ne veux plus avoir ce vilain secret sur le cœur, cela fait trop de mal, ça m'aurait étouffé.

AMÉLIE et ANNA *se jettent à genoux devant lui.*

Pauvre, pauvre Maurice, pardonne-toi, pardonne-toi, comme nous te pardonnons nous-mêmes. Tu as bien assez souffert pour que personne n'ait plus rien à te reprocher.

(*Elles l'embrassent; Amélie lui essuie les yeux avec son mouchoir. Il finit par se laisser faire.*)

MAURICE.

Je n'oserai plus jamais vous regarder; vous allez tous avoir honte de moi. Et maman, oh! maman!...

(*Pendant cette dernière scène, la maman des enfants est entrée, elle a tout entendu, tout compris. Elle va à son fils.*)

LA MAMAN.

Péché avoué est péché pardonné, mon pauvre enfant;

ton repentir, c'est ta mère qui te le dit, a effacé ta faute.

MAURICE *se jette à son cou.*

Ah! maman chérie, est-ce bien vrai? et si c'est vrai, que je suis content! Comme cela me délivre que vous sachiez tout et que vous vouliez bien encore m'embrasser. Ah! si l'on savait combien c'est lourd le remords d'une faute, personne ne voudrait plus en faire une seule.

LA CROIX D'OR

PERSONNAGES :

LOUIS. — ROSE. — LISA. — LA MAMAN DE LISA.

Le théâtre représente un salon. — Consoles, tables, cheminée, sièges.

SCÈNE PREMIÈRE

LA MAMAN et LISA.

LISA.

La marraine est une seconde mère, n'est-ce pas, maman ?

LA MAMAN.

Oui, ma chérie ; aussi tu vas prendre l'engagement de protéger ta petite filleule, de la conseiller pour qu'elle soit toujours une bonne petite fille, et, quand tu seras grande, de lui donner le bon exemple.

LISA.

Est-ce avant ou après le baptême qu'on donne la croix à la nourrice ?

LA MAMAN.

Avant ou après... comme il te plaira.

LISA.

Veux-tu me permettre de la regarder encore ? *(La maman la lui donne.)* Elle est joliment jolie, cette croix-là. Rose, ma bonne, dit qu'elle n'en a jamais vu une aussi belle. Ses yeux brillaient en la regardant. J'ai promis de lui en donner une toute pareille quand elle se mariera.

LA MAMAN.

Alors elle a le temps d'attendre.

LISA.

Mais, maman, elle a seize ans passés.

LA MAMAN.

Voyez-vous ce grand âge !

LISA.

Moi, d'abord, je l'aime beaucoup Rose, c'est une très bonne fille.

LA MAMAN.

Oui, une brave fille, travailleuse et douce.

LISA.

Louis, mon frère, la taquine toujours; elle pourrait lui en vouloir; eh bien, non, elle rit, au contraire. A sa place, je n'aurais pas toujours tant de patience. *(Elle pose la croix sur la table qui est près de la console.)* Que ça va donc m'amuser d'être marraine ?

LA MAMAN.

En attendant, tu n'es ni chaussée ni coiffée, et tu seras en retard... comme toujours.

LISA.

Oh! maman, j'ai bien le temps.

LA MAMAN.

Méfie-toi, ma fille : les gens qui ont toujours le temps sont toujours ceux qui n'arrivent jamais à l'heure voulue.

SCÈNE II

Les Mêmes, LOUIS *entre en sautant à reculons, puis* ROSE.

LOUIS.

Vite! vite! Venez vite! On apporte les boîtes de dragées, une pile de boîtes! Est-ce qu'elles sont toutes pour nous?

LISA.

Oh! non, c'est pour tout le monde.

LOUIS, *sautant toujours.*

Mais il y en a une pour moi.

LISA.

Oui, vraiment. Je vais te la donner.

LA MAMAN.

Louis, je t'ai défendu de sauter à la corde dans le salon ; va jouer au jardin.

LOUIS.

Mais, maman, c'est pour les dragées! Venez donc les voir, maman, je voudrais bien en goûter.

LISA.

Oui, allons les voir.

LOUIS.

J'aime tant les dragées! (*Il sort en sautant à la corde; la corde tombe sur Rose qui entre, un plumeau à la main.*) Attrape! Rose, tu es prise! Ah! ah!

(*Il rit aux éclats.*)

LISA, *à Louis.*

Louis, veux-tu bien lâcher ta corde ! Tu vas faire mal à Rose.

LOUIS.

Ah ! que j'aurais ri, si j'avais pu faire sauter son bonnet !

LA MAMAN.

Une fois pour toutes, Louis, laisse Rose tranquille.

ROSE.

Oh ! madame, ça ne fait rien.

(Elle enlève la corde.)

LISA.

Venez, venez, maman.

(La maman, Lisa et Louis sortent.)

SCÈNE III

ROSE, *seule.*

Il n'est pas méchant, Louis ; un peu diable, voilà tout ! Ils sont tous très bons ici ; quant à mademoiselle Lisa, c'est un petit ange, la chère mignonne ! Elle me donne toujours quelque chose, ou bien pour moi, ou pour mes petites sœurs ; tantôt une robe, tantôt des bas, des rubans, des joujoux même. Oh ! je ne la quitterai jamais !... Je voudrais bien qu'elle m'emmène à ce baptême. *(Elle époussette la cheminée.)* Ah ! voilà son livre. Est-elle heureuse de pouvoir lire toute la journée de si belles histoires ! Où en étais-je restée hier, pendant que madame dînait en ville ? Ah ! voici !... Si j'en lisais encore une page, rien qu'une page. *(Elle ouvre le livre d'une main sans lâcher son plumeau. Elle lit tout haut, tout en gardant son plumeau.)* « Personne ne voulait croire Jeanne, même pas ses parents; mais la voix lui ayant ordonné, pour la troisième fois, d'aller sauver la France et reproché ses hésitations, elle obéit, et, n'écoutant que son courage, elle se mit en route à pied, avec ses sabots et ses habits de paysanne. » *(Parlant.)* La voilà sur l'image en fille de campagne comme moi... C'est une belle fille !·Mais mon ouvrage ? C'est madame qui ne serait pas contente si... Allons, encore quelques lignes. *(Elle s'éloigne de la cheminée, toujours lisant; elle époussette machinalement les meubles et la table sans regarder, et fait tomber, sans s'en apercevoir, la croix derrière un meuble. — Lisant haut.)* « Jeanne marchait sans se soucier de la pluie ni du soleil, certaine qu'un ange la guidait vers le roi... » *(Une voix appelle Rose.)* On m'appelle ! *(Elle ferme vite le livre qu'elle remet sur la cheminée.)* Et le salon qui n'est pas fini ! Heureusement que je l'ai balayé ce matin pour m'avancer à cause de ce baptême.

SCÈNE IV

LA MAMAN, LISA, ROSE.

LA MAMAN.

Tu es encore là, Rose ?

ROSE, *troublée, multiplie les coups de plumeau et remet furtivement le livre en place.*

J'ai... j'ai fini, madame.

LA MAMAN.

Fini ! Regarde donc quelle poussière partout ! Qu'as-tu donc fait depuis que tu es ici ? Tu rougis; tu n'as rien essuyé. *(Elle essuie elle-même les consoles.)*

ROSE, *embarrassée.*

Laissez, laissez donc, madame, je vais repasser les meubles vivement.

LA MAMAN.

Tu n'as plus le temps, Rose; cours vite, passe ta robe. Lisa t'emmène au baptême... Allons! dépêche-toi.

LISA.

Oui, Rose, maman veut bien que tu viennes; tu porteras mon livre.

ROSE.

Oh! madame! Oh! mamzelle! que vous êtes bonnes et que je suis contente!

(*Elle sort en courant.*)

SCÈNE V

LA MAMAN *et* LISA.

LISA.

Elle est ravie de venir avec moi et de porter mon livre... Je ne suis pas en retard cette fois, n'est-ce pas, maman?

LA MAMAN.

Oh! pour une fois que cela t'arrive, tu n'as pas encore le droit d'être bien fière. As-tu bien toutes tes petites affaires? Ton mouchoir? Tes gants?

LISA.

Voilà, maman! voilà! J'ai tout...

LA MAMAN.

Bien... Et la croix de la nourrice, ne va pas l'oublier.

LISA.

Je m'en garderais bien. Où donc est-elle? L'avez-vous, maman?

LA MAMAN.

Moi? non. Je te l'ai remise quand tu as voulu la voir, et tu l'as posée là. *(Elle montre la table.)*

LISA.

Oui, je me le rappelle, je l'ai posée sur la table.

LA MAMAN.

Elle ne peut être loin; personne n'est entré ici.

LISA

Elle n'est plus sur la table.

LA MAMAN.

Rose aura sans doute voulu la regarder et l'aura mise autre part. Cherche sur la cheminée.

LISA, *cherchant.*

Il n'y a rien, maman.

LA MAMAN.

Sous la table, peut-être.

LISA *se baisse.*

Rien, rien *(Elle appelle.)* Rose! Rose!

SCÈNE VI

Les Mêmes, ROSE, *entrant.*

LISA.

As-tu vu la croix?

ROSE.

Non, mamzelle, je ne l'ai point vue.

LISA.

Elle était là pourtant, j'en suis sûre.

ROSE.

Je ne sais pas; tout ce que je peux dire, c'est que je ne l'ai point vue.

LISA.

Maman sait bien que je l'ai posée sur la table. N'est-ce pas, maman?

LA MAMAN, à Rose.

Oui, et comme il n'y a que toi qui aies été dans le salon pendant que nous étions allées recevoir les boîtes de dragées, tu dois savoir où elle est.

ROSE.

Je jure mes grands dieux que je n'ai point vu la croix, madame.

LISA.

Elle ne peut pas s'être envolée, pourtant...

LA MAMAN.

C'est évident : il faut que cette croix se retrouve.

LISA, cherchant des yeux.

Maintenant, je l'ai cherchée partout.

LA MAMAN.

Alors quelqu'un l'a prise.

ROSE.

Seigneur Dieu! Vous n'allez pas croire que c'est moi, bien sûr? Non, madame, vous ne le croyez pas, ni mamzelle Lisa non plus?

LA MAMAN.

Écoute bien, mon enfant : la croix était là, elle n'y est plus; seule tu es entrée ici; explique-moi comment elle a pu disparaître.

ROSE.

Je ne peux pas... Je n'en sais rien.

LA MAMAN.

Si tu ne l'as pas prise, elle doit se retrouver.

ROSE.

Mais on va la retrouver bien sûr. *(Elle cherche avec agitation.)*

LA MAMAN.

Tu le vois, elle n'est nulle part.

ROSE.

Dieu du ciel, serait-il possible que vous croyiez que je l'ai prise? *(Elle retourne ses poches.)*

LA MAMAN.

Tu es sortie, Rose; tu aurais eu le temps, — je ne dis pas de la cacher dans une mauvaise intention, — mais de la poser et de l'oublier quelque part. Réfléchis bien, je ne veux pas t'accuser encore.

ROSE.

Moi! moi! C'est pas possible qu'on me soupçonne d'une chose pareille! Mamzelle Lisa, cherchez sur vous et sur votre maman et sur moi aussi. Puisque ce n'est pas moi, c'est peut-être vous qui l'avez emportée sans y penser.

LA MAMAN.

Non; je te répète que Lisa n'a pas emporté la croix, elle l'a laissée sur la table. Cela, malheureusement, est certain, Rose, et, en vérité, la disparition de cette croix pourrait seule m'expliquer, quand j'y réfléchis, pourquoi tu as tant rougi quand nous sommes rentrées tout à l'heure. Tu avais l'air d'une personne coupable, surprise au moment d'une mauvaise action.

ROSE.

Écoutez, madame, écoutez-moi. Oui, j'étais coupable, mais pas de ce que vous croyez. J'ai rougi, parce que j'étais en faute; au lieu de faire mon ménage, je m'étais permis de... je m'amusais à... (Elle balbutie et fond en larmes.)

LA MAMAN, *dont cette attitude confirme les soupçons.*

Ne cherche pas d'excuses, malheureuse enfant, et n'ajoute pas le mensonge à ce que tu as déjà à te reprocher; tu feras mieux d'avouer; peut-être aurai-je pitié de ta jeunesse; ton repentir seul peut me faire hésiter à te renvoyer à tes parents.

ROSE.

Me renvoyer! Et comme une voleuse!

LA MAMAN.

Nous avons encore une heure devant nous; si, dans une heure, tu n'as pas rendu la croix, tu partiras... Viens, Lisa.

ROSE, *vivement.*

La croix, la croix, mais je ne puis pas y toucher à cette croix. Si je la retrouvais, on dirait que je la rends, et par conséquent que je l'avais prise. Madame, comprenez donc, il n'y a que moi qui ne puisse pas la chercher, je ne veux pas la trouver. Je ne veux pas rester seule ici un instant; ne me quittez pas. C'est devant vous, c'est devant tous, c'est sans mon aide qu'il faut que la croix reparaisse.

LA MAMAN, *devant la sincérité de cette objurgation, hésite un instant, puis s'adressant à Rose.*

Je te laisse avec Lisa.

LISA.

Oui, maman; dans un instant. Je vais encore chercher.

SCÈNE VII

ROSE, LISA.

LISA, *très troublée, prend la main de Rose.*

Voyons, Rose, nous voilà seules. Dis-moi vite la vérité, et je te promets de supplier maman de te garder.

ROSE, *désolée.*

Devant la sainte Vierge qui m'entend, mamzelle Lisa, je n'ai point vu la croix.

LISA.

Songe donc que je suis sûre de l'avoir posée là... et rappelle-toi que tu m'avais dit que tu en désirais une pareille.

ROSE, *se redressant.*

Mais, mamzelle, entre désirer et voler, c'est une fière différence.

LISA.

Rends-la-moi, je dirai qu'en cherchant à nous deux, je l'ai retrouvée.

ROSE.

Mais je ne l'ai pas... Mais je ne peux pas l'avoir!... puisque je ne l'ai même pas vue.

LISA.

Rose, elle était là. Elle n'y est plus. Que veux-tu que je te dise, que veux-tu qu'on pense?

ROSE.

Vous, mamzelle Lisa, vous me croiriez une voleuse!... rien que parce que je ne sais pas où une chose est passée!! Mais la vérité ne peut donc pas se voir? Est-ce que j'oserais vous parler si j'étais une voleuse? Mais regardez-moi donc... Est-ce que j'ai l'air d'une voleuse?... Vous ne répondez point... Ah! je suis perdue! Ma pauvre mère va en mourir de chagrin, et mes petites sœurs... Allons, je le vois bien, je n'ai plus qu'à me périr, puisqu'il n'y a que le bon Dieu qui aura compassion d'une innocente.

LISA.

Que dis-tu là? C'est affreux! Tu veux mourir?

ROSE.

Et qui donc me croira si vous ne me croyez pas?... Je ne suis point faite pour la honte... Il ne faut pas pleurer, mamzelle Lisa... Ah! si l'on vous accusait, vous verriez ce que ça fait, vous seriez comme moi. O mon Dieu! mon Dieu!

LISA, *la regardant, les yeux pleins de larmes.*

Eh bien, Rose, je suis sûre que tu dis la vérité et que tu n'as point pris la croix.

ROSE.

Enfin, Dieu vous éclaire et vient à mon secours!

LISA.

Mais maman ne te croira pas.

ROSE.

Vous me croyez bien, vous, mamzelle Lisa! Ah! j'ai déjà le cœur moins gros. Dieu ouvrira les yeux à votre maman, il a bien guidé Jeanne d'Arc. J'ai confiance maintenant. Voyons, vous l'avez laissée là, dites-vous. Cherchez, mamzelle, il faudra qu'elle soit retrouvée, mais par vous.

LISA, *se passant la main sur le front.*

Nous sommes si pressées... Si je disais que c'est moi qui l'ai perdue.

ROSE, *cherchant.*

Pourquoi?

LISA.

Maman ne pourrait pas croire, si je la retrouve, que tu n'as fait, quand elle sera retrouvée, que de la rendre.

ROSE.

Non, mamzelle, non, c'est une bonne intention, mais ce serait la tromper; n'ayez pas peur pour moi, la vérité éclatera bien sûr. Quant à vous, ne vous chargez pas pour moi d'une chose que vous n'avez pas faite.

LISA.

Laisse-moi faire... Et d'abord laisse-moi chercher.

SCÈNE VIII

Les Mêmes, La Maman.

LA MAMAN, *d'un air triste.*

Eh bien, Lisa, cette malheureuse croix est-elle enfin retrouvée?

LISA, *d'un air résolu.*

Non, maman, et ce n'est pas ici qu'on la retrouvera. J'avais oublié que je l'avais emportée en sortant, et c'est ailleurs que j'ai dû la perdre.

LA MAMAN, *sévèrement.*

Lisa! Lisa!

ROSE, *voulant parler*.

Mamzelle Lisa...

LA MAMAN, *l'interrompant*.

Laissez parler Lisa, mademoiselle...

LISA.

Je n'ai rien de plus à vous dire, maman.

LA MAMAN, *vivement*.

Mais alors, ma fille, tu aurais laissé accuser Rose injustement ? Ton silence aurait été une indigne lâcheté, une action plus basse qu'un mensonge.

ROSE.

Madame ! madame ! écoutez-moi !

LA MAMAN.

Paix ! c'est inutile de la défendre.

ROSE.

Ne la croyez pas, madame ! Mamzelle Lisa dit cela pour me sauver ! Elle n'a point emporté la croix.

LA MAMAN.

Je le savais. Je suis sûre, absolument sûre qu'elle l'avait mise et laissée sur cette table. C'est un mauvais moyen, ma fille, qu'un mensonge, alors même qu'il peut sembler généreux... Rose, parvenue à t'attendrir, abuse de ta naïveté ; tu as voulu me tromper pour la sauver. Eh bien, tu as consommé sa perte, car ta faute s'ajoute à la sienne. Rose, vous appartenez à d'honnêtes gens ; par égard pour eux je me tairai sur la raison qui va vous faire sortir de chez moi. Allez dans votre chambre et soyez prête à partir avant le dîner.

ROSE, *avec douceur.*

Que le ciel vous pardonne, madame. Un jour vous reconnaîtrez mon innocence. Mamzelle Lisa y croit, ça me donne de la force et ça me sauve du désespoir. Je vous bénirai toujours, mamzelle Lisa, d'avoir vu dans mon cœur.

(*Elle pleure. Lisa se met aussi à pleurer.*)

SCÈNE IX

Les Mêmes, LOUIS *entre, sa balle à la main.*

LOUIS.

M. le curé nous fait dire que le baptême est retardé d'une heure; il prie maman de l'excuser.

(*Il fait sauter sa balle.*)

LA MAMAN.

C'est bien. Laisse-nous, mon enfant.

LOUIS.

Tout de suite, maman; mais ma balle vient de rouler sous la console; attendez que je la reprenne.

LA MAMAN, *impatientée.*

Laisse ta balle et sors du salon.

LOUIS *est déjà à quatre pattes.*

Ça va être tout de suite fait, maman... (*Il se couche sur le plancher et passe la main sous la console où il aperçoit sa balle.*) Il y a juste où passer le bras. Tiens.... je sens quelque chose sous ma main; ce n'est pas du tout ma balle.

LISA.

Qu'est-ce que c'est?

LOUIS.

Je ne sais pas, cela a l'air d'être dans du papier. (Il retire difficilement sa main. Cela fait, Louis se redresse à moitié, et, assis sur ses talons, il regarde sa trouvaille. A Lisa.) Tiens, regarde.

LISA.

Maman! maman! C'est la croix!

ROSE, les deux mains levées.

La croix!... Je savais bien que je serais sauvée... Je le savais bien, je le savais bien, mamzelle Lisa!

LISA.

Mais comment a-t-elle pu aller là?

ROSE.

Ah! je devine. V'là ce que c'est que de mal faire son ouvrage; j'époussetais sans regarder, parce que je lisais dans votre livre; mon plumeau aura attrapé la croix et l'aura jetée sous la console; elle était dans du papier mou, ça n'aura pas fait de bruit, je n'y ai pas pris garde. Mais la voilà enfin, la voilà! C'est le principal, c'est tout! Le reste m'est égal. (Elle bat des mains et saute, et puis s'arrête subitement en portant la main sur son cœur.) Oh! la joie... ça fait mal aussi. (Elle se laisse tomber sur un siège en sanglotant.)

LA MAMAN l'entoure de ses bras.

Ma pauvre Rose, tu vois qu'il n'est pas de petite faute qui ne puisse avoir de cruelles conséquences.

ROSE.

Oh! madame, madame, c'est vrai que tout était contre moi; mais quand on est innocente, paraître coupable à ceux qu'on aime, c'est bien dur.

LA CROIX D'OR.

LA JOIE... ÇA FAIT MAL AUSSI.

LA MAMAN.

J'ai eu tort, Rose, j'ai cru trop vite aux apparences, j'en suis bien fâchée. Embrasse-moi, ma pauvre mignonne, et pardonne-moi.... Oui, j'aurais dû tout croire plutôt que de te supposer coupable d'une si vilaine action.

ROSE.

Oh! madame, je suis trop, trop contente; je sens bien que madame m'aime encore.

LA MAMAN.

Après la peine que je t'ai faite, Rose, nous te devons de t'aimer davantage encore.

LISA.

Nous t'aimons tous.

LOUIS.

Moi, je te donne ma boîte de dragées.

LISA.

Et moi, Rose, dès demain, je te donnerai une croix qui te fera oublier celle de la nourrice.

ROSE.

J'aime mieux qu'elle me la rappelle, mamzelle, car après le souvenir de mon plus grand chagrin, ce sera celui de ma plus grande joie.

UN DOMESTIQUE, entre.

Madame, M. le curé vous fait dire qu'il sera à l'église dans dix minutes.

LA MAMAN à Rose.

Cours t'habiller.

(Rose sort en courant.)

LA MAMAN, *à Lisa et à Louis.*

Dieu soit loué de m'avoir épargné une grande injustice. Embrassez-moi, mes chers petits, cela me remettra. Je suis encore toute tremblante. Ah! la pauvre Rose, je ne m'en serais jamais consolée.

L'ILE DÉSERTE

PERSONNAGES :

**DANIEL. — JULIEN. — JACQUOT. — IVONNE.
UN GENDARME.**

Une lande.

SCÈNE PREMIÈRE

JULIEN, *avec un arc;* DANIEL, *avec un sac et une hachette.*

DANIEL, *se laissant tomber à terre.*

Je n'en peux plus.

JULIEN.

C'est que nous avons fait bien du chemin, va, beaucoup de lieues, peut-être vingt. Nous en aurions fait le double si nous ne nous étions pas endormis.

DANIEL.

Dame! j'étais si fatigué! puis il faisait tout noir. Il ne faut plus voyager la nuit, ça me fait peur.

JULIEN.

Peur de quoi?

DANIEL.

Des bêtes féroces et de toutes sortes de choses que je ne sais pas.

JULIEN.

Il ne faut pas avoir peur; songe donc, quand nous serons dans une île déserte...

DANIEL.

S'il n'y a personne, dans le jour je n'aurai pas peur. Y aura-t-il beaucoup d'animaux?

JULIEN.

Oh! oui! de toutes espèces.

DANIEL.

Tu m'as promis qu'il n'y aurait pas de lions.

JULIEN.

Je l'espère, je suis même sûr qu'il n'y en aura pas. L'île de Robinson n'avait pas de lions.

DANIEL.

Oh! je suis si fatigué! Puis j'ai grand'faim.

JULIEN.

Nous aurons des coquillages pour nous nourrir dans l'île, et nous tuerons des oiseaux que nous ferons rôtir.

DANIEL.

J'ai mon arc. Serons-nous bientôt rendus pour manger?

JULIEN.

Ah! oui, nous avons tant marché depuis hier au soir! mais il faut que nous allions jusqu'au vaisseau qui fera naufrage sur le bord de l'île déserte; nous serons tous les deux sur une planche et nous aborderons...

DANIEL.

Nous ne coucherons pas la nuit en plein air, n'est-ce pas?

JULIEN.

Je t'ai dit que nous trouverions une grotte.

DANIEL.

Je voudrais bien trouver des poires et du raisin, car j'ai grand'soif. Il n'y a plus rien dans le sac?

JULIEN.

Non, plus rien.

DANIEL.

Je voudrais goûter.. puis je suis si las!

(Il se met à pleurer.)

JULIEN *s'assied près de lui.*

Voyons, tu pleures?... Il faut avoir plus de courage.

DANIEL, *pleurant.*

Je pense à maman.

JULIEN.

Nous lui rapporterons toutes sortes de belles choses, sans compter l'or et les pierres précieuses.

DANIEL.

Mais, en attendant, elle va avoir du chagrin. Qu'aura-t-elle dit en ne nous trouvant pas dans notre lit?

JULIEN.

Puisqu'en partant je lui ai laissé une lettre qui lui dit:

— Adieu, chère maman, nous allons dans une île déserte, et nous reviendrons chargés de richesses pour toi.

DANIEL.

Nous ne serons pas longtemps dans l'île?

JULIEN.

Assez longtemps; nous aurons à bâtir une maison, à apprivoiser des bêtes, à chasser, à pêcher.

DANIEL.

Nous aurons une chèvre.

JULIEN.

Et nous ferons un bateau; tu vois, j'ai une hachette.

DANIEL.

Après, nous nous en reviendrons tout de suite?

JULIEN.

Avant, il faudra peupler notre île.

DANIEL.

Oui. Est-ce que tu n'entends rien?

JULIEN.

C'est le vent.

DANIEL.

Je n'aime pas le vent... Et puis, tu sais, la nuit va venir, et je déteste la nuit.

JULIEN.

De quoi auras-tu peur, puisque nous sommes armés? Tu as tes flèches, moi ma hachette.

DANIEL.

Il faut nous remettre en route. Si j'avais su, je n'aurais pas lu *Robinson Crusoë*.

JULIEN.

Il y a un autre Robinson, *Robinson Suisse;* dans celui-là, on est avec son papa, sa maman et tous ses frères.

DANIEL.

C'est comme dans ce Robinson-là que je voudrais être. Nous aurions dû emmener maman pour la nuit et le vent, et même Jean pour les bêtes féroces; il est très fort, Jean.

JULIEN.

Mais c'est pourtant bien amusant de cueillir tout seul des oranges, de voir des singes, de monter sur des montagnes sans qu'on vous en empêche.

DANIEL, *se rassurant*.

Bien sûr, nous aurons des chiens, des chevaux, des moutons?

JULIEN.

Et des habits et des grandes bottes en peau de bête.

DANIEL.

Et du pain. Ah! Julien, c'est que j'ai trop faim! Je voudrais bien être à la maison avec maman...

(Il se remet à pleurer.)

JULIEN.

Voilà que tu pleures encore, toi, un garçon, un voyageur? Voyons, lève-toi et partons.

DANIEL.

Je ne peux pas, je suis trop fatigué. *(On entend des voix.)* J'entends du bruit. Si c'étaient des voleurs...

JULIEN.

Poltron! Est-ce qu'ils feraient du bruit? ça ne fait jamais de bruit, les voleurs. Écoute, on chante.

SCÈNE II

Les Mêmes, IVONNE *filant*; JACQUOT, *un sac vide sur l'épaule...*
Ivonne chante le premier couplet dans la coulisse, et, au second, entre lentement en continuant. — Jacquot répète le refrain.

IVONNE, *dans la coulisse.*

Air breton.

PREMIER COUPLET.

Colas a tondu son mouton,
Derli, derli, derli dindon,
Moi, ma petite Jeanneton,
   J'en filerai la laine.
   Pour l'hiver il aura
   Un bel habit de drap,
Derli, derli, dondaine.

(Ils paraissent.)

DEUXIÈME COUPLET.

J'en ai filé si long, si long,
Derli, derli, derli dindon,
C'est pour avoir un cotillon
   Battant neuf pour ma peine.
   Tous deux bien habillés,
   Nous serons mariés,
Derli, derli dondaine.

DANIEL, *se rapprochant de Julien.*

Ce ne sont pas des sauvages, n'est-ce pas?

IVONNE, *à Jacquot.*

Qu'est-ce qu'il y a donc là-bas? Sont-ce les petits viaux, les chiens noirs?

JACQUOT.

Tu n'y vois donc goutte... Ce sont deux têtes de petits gars.

(Ivonne et Jacquot approchent.)

IVONNE.

Qu'est-ce que vous faites donc là, les petiots! *(Julien se lève.)* Ma fine, c'est un jeune monsieur. D'où venez-vous donc comme ça? En v'là un qui paraît tout effrayé. Seriez-vous égarés! C'est ça, vous l'êtes, ben sûr.

JULIEN.

Sommes-nous encore loin de la mer?

IVONNE.

De la mer? Je n'en sais rien du tout. Et toi, Jacquot, non plus, pas vrai?

JACQUOT.

J'savons qu'on s'y naye; not' parent Garillon s'y est nayé, dans la mer.

IVONNE.

Vous voulez aller à la mer?

JULIEN.

Oui.

IVONNE.

Et ce petiot itou? Je ne savons pas si alle est loin, mais je savons comme Jacquot qu'alle est ben dangereuse et qu'alle avale les vaisseaux comme nous une bouchée de galette.

JULIEN.

On se sauve sur une planche qui vous amène sur le sable.

IVONNE.

Où ça?

JULIEN.

Sur le bord d'une île déserte.

IVONNE.

Pourquoi faire donc?

JULIEN.

Pour faire comme Robinson Crusoë, et puis pour la peupler, et puis pour rapporter à maman des pierres précieuses.

IVONNE.

C'est pas vot' maman, ben sûr, qui vous envoie là, mon petit homme?

JULIEN.

Oh! non.

IVONNE.

Ous qu'elle est vot' maman?

DANIEL.

Voyez-vous, nous nous sommes sauvés.

IVONNE.

Sauvés! Oh! la pauv' femme, qui vous croit peut-être défunts. C'est pas joli, ce que vous avez fait là.

JACQUOT.

Ivonne et moi nous ne voudrions pas inquiéter nos parents, bien sûr, ni leur faire de la peine. *(Daniel se met à pleurer.)* V'là qu'il pleure, le petiot.

IVONNE.

Qu'avez-vous, mon petit monsieur?

JULIEN.

Il est las et il a faim. Il n'est pas si fort que moi.

JACQUOT.

Y a-t-il longtemps qu'il a mangé?

JULIEN.

Pas depuis ce matin.

IVONNE.

Et ça voulait aller à la mer! V'là ce que c'est que d'avoir quitté sa maman. Jacquot, cours leur quérir du pain et du lait et un pichet de cidre.

JACQUOT.

J'y vais.

(Il part en courant.)

SCÈNE III

Les Mêmes, *moins* JACQUOT.

IVONNE.

Soyez patients, c'est pas loin. Quand vous aurez mangé, on portera c't'y là. *(Elle montre Daniel.)* J'l'y laverai ses p'tits petons... Qu'est-ce donc qu'il a là sur le dos?

JULIEN.

Un arc et des flèches pour tuer les bêtes.

IVONNE.

Quelles bêtes que ça tue, ça?

JULIEN.

Celles qui doivent nous nourrir dans l'île déserte; moi j'ai une hachette pour abattre des arbres et faire un bateau.

IVONNE.

Ce sont de vrais innocents, ça n'a point pensé à la peine qu'ils faisaient à leur mère... C'est mauvais, les enfants. Voyons, comment que vous vous nommez?

JULIEN.

Lui se nomme Daniel, et moi Julien.

IVONNE.

Et vos parents, comment qu'on les appelle?

JULIEN.

Nous n'avons que maman.

DANIEL.

Je voudrais la voir.

(Il pleure.)

IVONNE.

Fallait pas l'y faire la peine de vous ensauver. Enfin, vous y avez regret... Mais voyons, qui est-ce votre maman?

JULIEN.

Mme Limeray.

IVONNE.

Mme Limeray qui demeure à la Frolais?

DANIEL.

Oui, oui, notre maison, c'est la Frolais. C'est très loin, très loin.

IVONNE.

En v'là un voyage pour aller à la mer.

DANIEL.

Julien, je ne veux plus aller à la mer. *(A Ivonne.)* Figurez-vous que cette nuit nous avons dormi au pied d'un arbre; puis, ce matin, quand je me suis réveillé, je ne savais plus où j'étais; Julien non plus ne le savait pas.

JULIEN.

Nous nous sommes remis en route, mais Daniel voulait toujours se reposer; malgré ça, nous avons fait beaucoup de lieues.

IVONNE, *riant*.

J'crois ben, avec ces jambes-là.

JULIEN.

Vous riez, mais comme nous avons pris à la traverse toutes sortes de petits sentiers...

DANIEL.

Où il y avait des haies pleines de mûres; c'est très bon, les mûres, j'en ai mangé.

JULIEN.

Puis nous avons bu à une fontaine; mais ce n'est pas facile, faut se servir du creux de sa main, et l'eau s'en va.

DANIEL.

Votre frère va-t-il bientôt revenir?

IVONNE.

Oui-dà: mais si vous souffrez de la faim, c'est de votre faute... C'est Dieu qui vous punit de vous être ensauvés comme de petits sans-cœur.

DANIEL.

Ah! je ne le ferai plus jamais!

IVONNE.

Je crois bien. Vous n'aimez donc pas votre maman?

DANIEL.

Oh! si, oh! si. Je veux voir maman.

IVONNE.

J'crois qu'il a plus de cœur que vous, c't'y-là.

JULIEN.

J'aime beaucoup maman aussi! Mais c'est beau de donner son nom à une île déserte. Si j'avais cru affliger maman, je ne serais pas parti.

IVONNE.

V'là qu'est ben; vous vous êtes monté la tête, c'est si bête les enfants! Allons, Jacquot, arrive donc.

SCÈNE IV

Les Mêmes, JACQUOT.

JACQUOT.

J'avions peur de renverser le lait dans le cidre, avec deux pots à la main.

IVONNE.

Mangez ben, mes petits hommes, ça va vous remettre.

(Les enfants mangent et boivent.)

JACQUOT.

Avait-y soif, c't'y-là!

IVONNE.

Et faim; c'est pourtant du pain noir. C'est aussi bon que le blanc, n'est-t'y pas vrai?

DANIEL.

Oh! bien meilleur.

IVONNE.

Tiens, v'là m'sieu le brigadier des gendarmes. Il vient par ici.

JACQUOT.

Peut-être pour les empoigner tous les deux.

JULIEN.

Nous?

JACQUOT.

Dame! vous vous êtes ensauvés de chez vos parents; vous êtes des vagabonds; y a peut-être la prison pour ça.

JULIEN.

Je ne veux pas aller en prison.

DANIEL, *appelant*.

Maman! maman!

L'ILE DÉSERTE.

NE NOUS MENEZ PAS EN PRISON, MONSIEUR LE GENDARME.

SCÈNE V

Les Mêmes, le Gendarme.

LE BRIGADIER, *s'approchant.*

Qu'est-ce qu'il y a? quels sont ces enfants?

IVONNE.

Ce sont les petits à madame Limeray, de la Frolais.

DANIEL.

Ne nous menez pas en prison, monsieur le gendarme.

JULIEN.

Nous ne sommes pas des voleurs.

IVONNE.

Ils se sont ensauvés de chez eux pour aller s'embarquer.

JULIEN.

Et faire naufrage.

LE BRIGADIER.

Ils voulaient s'embarquer?

IVONNE.

Pour un endroit ous qu'y n'y a que des bêtes et personne.

JULIEN.

Pour une île déserte comme Robinson. Vous connaissez bien Robinson et Vendredi?

LE BRIGADIER.

Très bien. — Ivonne, votre père peut-il me prêter sa charrette? car je vois que ces deux enfants sont fatigués et ne pourraient me suivre.

JULIEN.

Pour aller où, une charrette?

LE BRIGADIER.

Pour vous emmener.

JULIEN, *frappant du pied*.

Non, je n'irai pas en prison, non, non !

DANIEL.

Je veux aller chez maman.

JACQUOT.

Moi, je ne voudrais pas être conduit par un gendarme, sauf vot' respect, m'sieu le brigadier. On dirait : — C'est donc un voleur, un vaurien, ce p'tit gars-là ?

IVONNE.

C'est vrai ça, m'sieu le brigadier; autant vous nous faites honneur en venant chez nous, autant ça en fait peu à ceux que vous conduisez. C'est des marmots, de vrais marmots. Je connaissons leur mère, voyez-vous, et si vous l'voulez ben, moi qui suis une fille raisonnable, je les conduirai dans la charrette; Jacquot sait ben mener la jument blanche. Je vas faire un bon lit de paille dans la charrette et les mettre dessus... Ça fera moins de peine à leur mère de les voir revenir avec moi qu'avec un gendarme. Dites, m'sieu le brigadier, vous y consentez ?

LE BRIGADIER.

Il est de mon devoir qu'ils arrivent sains et saufs.

IVONNE.

Soyez tranquille, ils ne s'ensauveront plus.

JULIEN.

Je le promets, monsieur le gendarme.

IVONNE.

Je vous réponds d'eux sur ma grande conscience.

LE BRIGADIER.

Ils sont fugitifs... et je dois...

DANIEL.

Ah! monsieur le gendarme, par pitié! au nom de votre maman!

IVONNE.

Ce n'est qu'à une petite lieue d'ici. Vous nous suivrez, à pied, pas trop près de la charrette, pour qu'on ne dise pas qu'ils ont été pris par la gendarmerie; ça serait terrible.

LE BRIGADIER.

Causer une pareille inquiétude à leur mère... pensez donc!

IVONNE.

Oh! pour ça, c'est vrai, c'est vilain; mais j'espère qu'elle leur pardonnera. C'est si bon une mère!

LE BRIGADIER.

Eh bien, je vous suivrai sans les perdre de vue.

IVONNE.

C'est ça. — Vite, Jacquot, va atteler la jument et mets une bonne botte de paille dans la charrette.

DANIEL.

Je vais revoir maman. Quel bonheur!

IVONNE.

Vous v'là revenus de vot' île déserte, pas vrai? et tous deux vous vous souviendrez qu'il ne faut jamais faire de peine à sa mère pour n'importe quoi.

(Tableau.)

MADAME DE LIMERAY.

(Deux jours après.)

Voilà deux grands jours passés depuis l'escapade de Julien et de Daniel. Ils sont repentants, je le vois bien; mais, pour leur faire comprendre la sottise qu'ils ont faite, je vais leur donner à lire le *Voyage de Découvertes autour du Monde de Mlle Lili et de son cousin Lucien.* C'est leur histoire ou peu s'en faut. Ils s'y reconnaîtront, je l'espère, et la leçon qui résultera pour eux de ces aventures des deux petits toqués auxquels ils ressemblent, complétera celle qu'ils se sont donnée déjà à eux-mêmes.

LA GUERRE

PERSONNAGES :

FRITZ. — GEORGES. — PHILIPPE. — VICTOR. — JULES. HENRIETTE. — MINIE.

Un jardin public.

SCÈNE PREMIÈRE

HENRIETTE, GEORGES, puis MINIE.

GEORGES.

Ils ne sont pas encore arrivés?

HENRIETTE.

Non. Georges, tu ne vois pas mon bidon? C'est mon parrain qui me l'a donné, et ma bonne y a mis du vin et de l'eau.

GEORGES.

Ce n'est pas du vin que boivent les soldats, c'est de l'eau-de-vie.

HENRIETTE.

On dira que ça en est.

MINIE, *accourant.*

Nous allons jouer?

GEORGES.

Il faut attendre les autres.

HENRIETTE.

Minie, regarde mon bidon, il y a de l'eau-de-vie dedans.

MINIE.

Henriette, veux-tu que je sois cantinière avec toi?

HENRIETTE.

Non, c'est impossible, tu n'as pas de bidon.

MINIE.

Je ferai semblant de verser à boire tout de même.

GEORGES.

Que font-ils donc tous?

MINIE.

Eh bien! je serai infirmière, je suivrai l'armée; c'est plus utile que d'être cantinière.

HENRIETTE.

Oh! non, quand les soldats ont soif.

SCÈNE II

Les Mêmes, PHILIPPE, *avec un sabre.*

PHILIPPE.

Me voilà... Où sont les autres?

GEORGES.

Ils n'en finissent pas; il faut les attendre.

PHILIPPE.

Oui; dis donc, Georges, tu sais que c'est à moi de commander et d'être capitaine?

GEORGES.

Non, c'est moi qui le suis.

PHILIPPE.

Non, tu l'étais hier, c'est mon tour.

GEORGES.

Il n'y a pas de tour.

PHILIPPE.

Pourquoi ça serait-il toujours toi? Je veux l'être aussi; c'est juste, ça.

GEORGES.

Sais-tu commander? Non, tu ne sais pas.

PHILIPPE.

Je sais très bien; ce n'est pas difficile.

GEORGES.

C'est très difficile.

HENRIETTE, à *Georges*.

Voyons! Pourquoi serais-tu toujours capitaine?

GEORGES.

Ça ne te regarde pas. Eh bien, s'il est capitaine, moi, je serai général.

MINIE.

Un général est à cheval.

GEORGES.

Mais si son cheval est tué.

PHILIPPE.

Si je ne commande pas, je ne joue pas.

MINIE.

Tu commanderas; le général sera là seulement.

PHILIPPE.

Georges veut toujours être le premier. Il n'y a pas de général dans les régiments.

HENRIETTE.

Si; quand on passe des revues, le général regarde.

PHILIPPE.

Si Georges regarde, ça m'est égal.

SCÈNE III

Les Mêmes, VICTOR, avec un tambour.

VICTOR.

Voyons, que fait-on?

PHILIPPE.

C'est moi qui vais commander.

GEORGES.

Moi, je suis le général.

VICTOR.

Faudrait une épée et un chapeau à plumes; moi, j'ai un tambour.

GEORGES.

On s'en passera bien de chapeau.

VICTOR bat du tambour.

Allons!

MINIE.

Tu bats trop tôt, les soldats ne sont pas là.

VICTOR.

C'est pour les faire venir.

SCÈNE IV

Les Mêmes, JULES.

GEORGES.

Arrive donc; il faut commencer. Où donc est Fritz?

JULES.

Vous ne savez pas?

MINIE.

Quoi donc?

JULES.

Il ne faut pas jouer avec Fritz.

PHILIPPE.

Pourquoi?

JULES.

Hier, il est venu avec moi jusqu'auprès de ma bonne qui l'a fait asseoir; mais, quand il lui a parlé, ma bonne s'est levée et m'a emmené; puis elle m'a dit : — Vous ne devez pas jouer avec ce petit garçon-là, c'est un ennemi de la France.

TOUS.

Un Allemand!

JULES.

Oui! maman m'a raconté l'autre jour que les Allemands étaient nos ennemis et nous avaient fait bien du mal.

GEORGES.

Ça, c'est sûr; papa m'a dit plus d'une fois qu'ils avaient tout tué, tout brûlé, tout pillé, et que c'était là une manière de faire la guerre qu'on ne pouvait pas pardonner.

PHILIPPE.

Père m'a dit aussi bien souvent de ne jamais oublier ce qu'ils nous avaient fait et les départements qu'ils nous avaient enlevés.

HENRIETTE.

Mon parrain les déteste.

MINIE.

Alors ta bonne est sûre que Fritz est un Allemand?

VICTOR.

Très sûre, elle l'a tout de suite reconnu.

PHILIPPE.

Nous ne voulons pas jouer avec un Allemand, n'est-ce pas, Georges?

TOUS.

Jamais!

GEORGES.

Nous allons lui défendre même de nous parler. Un Allemand ne peut pas être notre ami.

(Il bat du tambour.)

SCÈNE V

Les Mêmes, FRITZ, *accourant*.

FRITZ.

Est-ce que vous avez commencé? Attendez-moi donc.

GEORGES.

Va-t'en, nous ne voulons pas jouer avec toi.

PHILIPPE.

Veux-tu t'en aller?

VICTOR.

Tout de suite, entends-tu?

LA GUERRE.

TOMBONS DESSUS!

FRITZ.

Qu'est-ce que vous avez ?

HENRIETTE.

Jamais tu ne seras avec nous, méchant!

FRITZ.

Qu'ai-je fait ?

MINIE.

Tu le sais bien, tu es notre ennemi.

FRITZ.

Moi! comment, votre ennemi ?...

GEORGES.

Si tu ne t'en vas pas, tu vas voir...

FRITZ.

Je veux savoir avant pourquoi ?

PHILIPPE.

Je te défends de nous approcher, où je tombe sur toi.

FRITZ.

Eh bien, viens-y donc.

PHILIPPE

Tiens ! (Il lui donne un coup de poing.)

FRITZ.

Ah! c'est comme ça. (Il frappe Philippe.)

GEORGES.

Tombons dessus !

(Ils se jettent sur Fritz qui se défend. Ils se battent, finissent par renverser Fritz et le tiennent.)

VICTOR.

Ah! ah! tu es vaincu!

FRITZ.

Lâches! Tous contre moi. Lâches! lâches! Laissez-moi me relever, et un à un vous verrez.

GEORGES.

Non, car tu es notre ennemi.

MINIE.

Laissez-le et qu'il s'en aille. Vous lui faites du mal.

GEORGES.

Tu vas jurer de ne plus jouer avec des Français... (*Le lâchant.*) Nous dirons ce qu'il est, et tout le monde le fuira.

PHILIPPE *et* VICTOR *le lâchant aussi.*

Va-t'en, Allemand.

FRITZ.

Allemand, moi !

GEORGES.

Nous le savons bien ; la bonne de Victor t'a reconnu. Nous te battrons encore si tu reviens.

FRITZ.

Allemand ! (*A Georges.*) Qu'a fait ton père à toi pendant la guerre ?

GEORGES.

Je ne sais pas !

FRITZ.

Ah! tu ne sais pas ! — Et le tien, Philippe ?

PHILIPPE.

Le mien... Il avait un fusil, car il l'a encore.

FRITZ.

Eh bien, le mien s'est battu !

GEORGES.

Il l'avoue ! son père s'est battu !

FRITZ.

Oui, il s'est battu. Il s'est battu, et c'est pour cela qu'il n'a plus qu'un bras.

GEORGES.

Pourquoi se battait-il contre nous? c'est bien fait.

FRITZ.

Contre vous!... Il s'est battu à Strasbourg en bon Français, et se battrait encore avec le bras qui lui reste, surtout s'il s'agissait de reprendre l'Alsace et la Lorraine.

GEORGES.

Mais alors tu es donc Français?

FRITZ.

Si je suis Français! Comment voulez-vous qu'un Alsacien, à qui les Allemands ont fait plus de mal encore qu'aux autres, puisqu'on lui a pris son pays, soit Allemand?

TOUS.

Mais alors tu es un Alsacien!... Oh! Fritz, comme nous avons été méchants!

(Ils l'entourent.)

GEORGES.

Cher Fritz! Quand nous serons grands, nous irons tous reprendre l'Alsace et la Lorraine.

TOUS.

Oui! oui!

PHILIPPE.

Allons-y tout de suite, nous sommes assez grands.

MINIE.

Cher petit!

(Elle saute au cou de Philippe et l'embrasse.)

TOUS.

Ta main, Fritz, donne-nous ta main.

HENRIETTE.

Je t'en supplie, bois à mon bidon neuf, bois tout.

VICTOR.

Tiens, je te donne mon tambour. Ah! ma bonne est trop bête! Comme elle nous avait rendus injustes.

PHILIPPE.

Moi, je te donne mon sabre.

MINIE.

Es-tu encore fâché?

FRITZ.

Non, c'est fini... Vous ne saviez pas.

GEORGES.

Messieurs, Fritz sera tous les jours le capitaine.

PHILIPPE.

C'est lui qui nous commandera.

TOUS.

Oui! oui!

MINIE.

Tu veux bien, n'est-ce pas, être notre capitaine?

FRITZ.

Oui, et, si vous voulez, je dirai à papa qu'il vienne nous montrer à faire la guerre pour que nous soyons tous de bons soldats quand le moment sera venu.

TOUS.

Oui, oui, ton papa nous montrera, et alors, alors...

HENRIETTE.

Alors les femmes elles-mêmes vous aideront à prendre la revanche de 1870.

TOUS.

Vive Henriette!

VICTOR, *reprenant son tambour.*

C'est la charge que je vais battre. Allons, camarades!

FRITZ.

En avant, marche!

TOUS.

A Strasbourg! à Strasbourg!

(Ils sortent au son du tambour.)

UNE LOTERIE

PERSONNAGES :

**GÉRARD. — GUSTAVE. — ADÈLE. — SOPHIE. — LINA.
LA MÈRE.**

Un salon, avec table et sièges.

SCÈNE PREMIÈRE
ADÈLE, LINA.

LINA.

Ma ceinture ne tient pas.

ADÈLE.

Attends, je vais te l'arranger.

LINA.

Il faudrait une grosse épingle.

ADÈLE.

J'en ai une.

LINA.

Ton nœud ne va pas tenir non plus.

ADÈLE.

Si, il va tenir.

LINA.

Prends garde de me piquer.

ADÈLE.

Avant, je me piquerais moi-même, n'aie pas peur. Voilà qui est fait. Elle ne tombera plus, ta ceinture.

LINA.

Tu n'es pas très élégante pour tirer la loterie; pourquoi n'as-tu pas mis ton joli fichu de dentelle?

ADÈLE.

Je l'ai prêté à Sophie.

LINA.

Tu as eu tort.

ADÈLE.

Ça lui faisait plaisir.

LINA.

Elle n'eût pas fait cela pour toi, elle.

ADÈLE.

Je veux croire que si.

LINA.

Elle aime tant la toilette!

ADÈLE.

Qu'aimes-tu, toi, ma mignonne?

LINA.

J'aime à m'amuser.

ADÈLE.

La loterie t'amuse, n'est-ce pas?

LINA.

Je m'en réjouis, car je n'en ai jamais vu.

ADÈLE.

Ni moi.

SCÈNE II

Les Mêmes, SOPHIE.

LINA.

Comme tu es belle!

SOPHIE.

Il vient du monde ce soir, car maman a dit qu'il y aurait deux loteries, une pour nous, une autre que nous ferons tirer.

LINA.

Nous allons apprendre comment on fait.

SOPHIE.

J'ai ma robe bleue.

LINA.

Et le fichu d'Adèle.

SOPHIE.

Le mien était si jaune.

LINA.

Alors, nous devons tous avoir des lots?

ADÈLE.

Peut-être. Maman pense à tout le monde.

SOPHIE.

Moi, j'ai beaucoup de chance.

LINA.

A quoi as-tu vu que tu avais de la chance?

SOPHIE.

Parce que, lorsque je désire quelque chose, Adèle me le donne.

ADÈLE.

Je ne pourrai pas te donner un bon numéro à la loterie.

SOPHIE.

Tu verras que j'aurai le plus beau lot.

LINA.

Après moi, ma chère, s'il te plaît.

SOPHIE, à *Adèle*.

Sœur, si tu en as un plus beau que le mien, voudras-tu changer?

LINA.

Et avec moi aussi, dis, Adèle?

ADÈLE.

Je ferai pour le mieux pour que vous soyez contentes.

LINA *l'embrasse*.

Tu es bien gentille.

SOPHIE.

Pourquoi mes frères ne viennent-ils pas? La loterie va bientôt commencer.

ADÈLE.

Pas encore.

SOPHIE.

Je suis sûre que Gustave croit qu'il va tout gagner.

LINA.

Et Gérard va se moquer de lui, comme il fait toujours.

ADÈLE.

Il est pourtant bien plus agréable d'être bons les uns pour les autres.

SOPHIE.

Ah! si j'allais gagner un beau ruban!

LINA.

Et moi... quoi? Voyons; toi, tu penses toujours à la toilette.

SOPHIE.

C'est qu'elle rend jolie.

LINA.

Pas toujours, et, si on est laide, elle le fait remarquer.

SOPHIE.

Mais je ne suis pas laide.

LINA.

Ni moi; mais tu peux le devenir quand tu seras vieille.

ADÈLE.

Il y a des vieilles qui sont très bien; voyez grand'-maman avec ses cheveux blancs.

SOPHIE.

Et ses jolis bonnets, comme ils lui vont!

LINA.

Moi, j'aime mieux être jeune.

SCÈNE III

Les Mêmes, GÉRARD, GUSTAVE.

(*Gustave pousse son frère qui manque de tomber.*)

GÉRARD.

Veux-tu finir?

GUSTAVE.

Tu vois que je suis plus fort que toi.

GÉRARD.

Des bras, mais pas de la tête.

GUSTAVE.

Quand j'aurai ton âge, j'en saurai plus long que toi.

ADÈLE.

Ne vous querellez donc pas, mes chéris.

GÉRARD.

On n'a jamais vu un pareil moutard.

GUSTAVE.

Ni un pédant pareil à toi. Tu devrais avoir une perruque et des lunettes.

(Ils rient tous.)

GÉRARD.

J'aurai des lunettes quand je serai à l'École Polytechnique.

GUSTAVE.

Non, tu seras professeur, avec un rabat.

(Il tire le bout de la cravate de Gérard et la dénoue.)

GÉRARD.

C'est spirituel ce que tu fais là. Prends garde...

ADÈLE, *allant à Gérard.*

Je vais te refaire ton nœud ; ce n'est rien, Gustave est un enfant.

GUSTAVE.

Je serai bientôt un homme.

LINA.

Tu auras un habit, une canne, un fusil, tu chasseras.

GUSTAVE.

Oh! je sais très bien chasser ; mon oncle m'a fait tirer une fois, et j'ai tué un oiseau.

GÉRARD.

C'est-à-dire que c'est mon oncle qui l'a tué.

GUSTAVE.

Mais c'est moi qui ai tiré la gâchette. Tu verras, quand je serai grand, je tuerai des lièvres, des sangliers.

LINA.

Pourras-tu tuer un lion?

GUSTAVE.

Certainement.

GÉRARD.

Non, tu te sauveras.

GUSTAVE.

Tu verras bien que non.

GÉRARD.

En attendant, je te conseille d'apprendre un peu la grammaire et l'histoire, dont tu ne sais pas un mot.

GUSTAVE.

Mais toi, tu ne sais pas la gymnastique.

SOPHIE.

Il est le premier dans sa classe.

GUSTAVE.

Mais à la gymnastique, c'est moi ; lui, il tombe toujours.

ADÈLE.

Vous avez chacun des succès, il ne faut pas vous quereller ; Gérard est très studieux et toi très adroit.

GUSTAVE.

Et très hardi?

(Il s'assied.)

SOPHIE.

Oh! pas si hardi.

GUSTAVE.

Je n'ai peur de rien.

(Lina va derrière lui et lui fait hou! hou! hou! dans l'oreille.
Gustave se lève.)

LINA.

Vois-tu que tu as peur.

GÉRARD.

Je vous dis qu'il est un poltron.

GUSTAVE.

Non. Pourquoi es-tu toujours après moi?

SOPHIE et LINA.

Il a eu peur, il a eu peur.

ADÈLE.

Ne le tourmentez pas, il a été surpris, voilà tout. Moi, je le crois brave, parce qu'un garçon doit l'être; Gérard l'est aussi, il nous défendrait, tout comme toi; n'est-ce pas, Gérard?

GÉRARD.

Moi, je ne sais pas me vanter.

GUSTAVE.

Monsieur s'admire.

ADÈLE.

Oh! les méchants garçons, toujours en querelle.

LINA.

Eh bien, et la loterie? Ce serait plus amusant que de se disputer.

SOPHIE.

L'heure est sonnée, c'est ennuyeux d'attendre. Ah! voilà.

(*Un valet apporte une grande corbeille et une autre plus petite.*)

ADÈLE.

Les lots sont dans la grande corbeille.

GÉRARD.

Dans la petite doivent être les numéros.

LINA.

Tirons-les.

ADÈLE.

Il faut attendre maman.

SCÈNE IV

Les Mêmes, la Mère.

LA MÈRE.

Vous m'attendiez avec impatience ?

SOPHIE.

Oui, maman; pas Gérard.

LA MÈRE, à Gérard.

Est-ce que ça ne t'amuse pas?

GÉRARD.

Si fait, je suis curieux de voir comment on procède.

(La mère met les lots sur la table, un à un, couverts.)

SOPHIE.

Asseyons-nous. (Ils s'asseyent.) Adèle, donne-moi ta place, je serai plus près, et j'y verrai mieux.

ADÈLE.

Puisque tu le désires.

GUSTAVE.

Je reste debout pour aller plus vite prendre mon lot.

SOPHIE.

Si tu en as un.

LINA.

Nous en aurons tous; tirons, tirons. Je vois une écharpe.

SOPHIE.

Une écharpe. *(La mère découvre les lots.)* Une poupée !

LINA.

Oh ! la belle poupée ! Un bonnet d'âne.

(Les filles rient.)

GUSTAVE.

Ce n'est pas pour moi.

GÉRARD.

Il t'irait bien, pourtant.

LA MÈRE.

Êtes-vous prêts ?

TOUS.

Oui, oui.

GÉRARD.

C'est un jeu de hasard, n'est-ce pas, maman ?

LA MÈRE.

De pur hasard. On y gagne et on y perd.

GÉRARD.

Qu'y perd-on ?

LA MÈRE.

Souvent le lot désiré ; mais on gagne de se résigner à ce qu'un autre l'obtienne.

LES ENFANTS.

Commençons ! commençons !

LA MÈRE.

La plus jeune va tirer la première.

LINA.

C'est moi.

(Elle va près de la table.)

LA MÈRE.

Mets la main dans cette corbeille et prends un petit rouleau de papier, puis lis le numéro.

LINA.

N° 5.

LA MÈRE.

La poupée.

LINA.

Quel bonheur !

ADÈLE.

Est-elle grande ! C'est un véritable enfant.

LINA.

Elle va m'apprendre à devenir, pour plus tard, une bonne petite maman.

GUSTAVE.

A mon tour... (Il court tirer.) N° 3.

LA MÈRE.

Un ballon.

GÉRARD, à Gustave.

Vide comme ta tête.

LA MÈRE.

Nous ne sommes pas ici pour faire de mauvais esprit.

GUSTAVE.

J'aurais mieux aimé une arme.

ADÈLE.

Il est superbe, ton ballon, mon chéri ; console-toi, j'y jouerai avec toi.

LA MÈRE.

C'est à toi, Sophie.

SOPHIE *tire.*

N° 4.

LA MÈRE.

Un nécessaire de travail à l'aiguille.

SOPHIE.

Oh! j'aurais tant voulu l'écharpe.

LA MÈRE.

Vous voyez que le hasard joue de mauvais tours; nul de vous n'est content.

ADÈLE *va tirer.*

N° 1.

LA MÈRE.

L'écharpe.

SOPHIE.

Je t'en prie, Adèle, changeons. Tu me l'as promis.

ADÈLE.

Tiens, ma chère, voilà... Je prends le nécessaire, puisque l'autre lot te plaît mieux.

SOPHIE.

Merci. Je suis bien contente.

GÉRARD.

Il est inutile que je tire, puisqu'il ne reste qu'un objet qui n'est pas fait pour moi.

TOUS, *riant.*

Le bonnet d'âne! Ah! ah! ah!

GÉRARD.

Je te le donne, Gustave, il t'ira comme un gant.

GUSTAVE.

Il va rabattre ton orgueil, ah ! ah ! ah !

LA MÈRE.

L'orgueil n'est permis que lorsqu'il est généreux et n'humilie pas autrui.

GÉRARD.

Ce jeu prouve que le hasard est aveugle.

LA MÈRE.

On peut lutter contre lui, et ses coups sont parfois adoucis. Viens prendre ton lot, Gérard, je t'en prie.

GÉRARD.

(Il va chercher le bonnet d'un air furieux.)

Puisque vous le voulez, j'obéis.

LA MÈRE.

Prends garde... il est lourd.

GÉRARD le lève. Le bonnet contient un beau livre.

Un livre ! superbe !... Oh ! maman !

LA MÈRE.

Tu vois que je te disais vrai.

ADÈLE.

Quel livre est-ce ?

GÉRARD.

Celui que je désirais tant ! *Maroussia*.

GUSTAVE.

A-t-il des images ?

GÉRARD.

Il a de plus un grand intérêt. Je suis bien content.

UNE LOTERIE.

QUEL LIVRE EST-CE? A-T-IL DES IMAGES?

LA MÈRE.

Maintenant, il ne s'agit plus d'un jeu. Il ne s'agit plus de gagner un lot, mais d'avoir un prix, et c'est vous, mes enfants, qui allez le donner.

TOUS.

Comment? quel prix?

LA MÈRE.

Voici un petit médaillon. C'est un prix de bonté, et parmi vous, qui est-ce qui le mérite?

(Les enfants réfléchissant, puis :)

TOUS.

Adèle.

ADÈLE.

Moi! moi! Comment?

GÉRARD.

Oui, tu es la meilleure de nous tous.

SOPHIE.

Oui, tu es la plus complaisante.

LINA.

Oui, la plus douce.

GUSTAVE.

Et pas moqueuse.

ADÈLE.

Oh! mes chéris, c'est si facile d'être bon avec ceux qu'on aime.

LA MÈRE.

Chère fille, il t'est permis d'être heureuse et fière, car ce prix, je trouve aussi, moi, que tu le mérites.

GUSTAVE.

Oui, sois contente. Cet éloge-là vaut mieux que tous les lots du monde.

(*Tous embrassent Adèle.*)

LA MÈRE.

Assurément. Mais c'est beau aussi, la justice, et vous venez d'être justes, mes chers petits.

LA VANITÉ

PERSONNAGES :

LYDIE. — PIERRETTE, servante. —**ÉLIANE**.
MADAME DE LA TOUR, mère de Lydie.

Un salon.

SCÈNE PREMIÈRE

LYDIE, *puis* PIERRETTE.

LYDIE, *appelant*.

Pierrette ! Pierrette !

PIERRETTE.

Me v'là.

LYDIE.

On ne dit pas : Me v'là ; on dit : Qu'est-ce que me veut mademoiselle ?

PIERRETTE.

Eh ben, qu'est-ce que vous me voulez ?

LYDIE.

Non, ce n'est pas ça; mais : Qu'est-ce que veut mademoiselle ?

PIERRETTE.

Bon, je l'dirai.

LYDIE.

Va me chercher mon *Histoire de France* que j'ai oubliée dans ma chambre. Tu la trouveras tout ouverte sur mon petit bureau.

PIERRETTE.

Vous étudiez donc encore ?

LYDIE.

On ne dit pas : Vous étudiez donc encore; on dit : Mademoiselle étudie donc encore ?

PIERRETTE.

Faut donc mettre de la demoiselle partout ?

LYDIE.

Oui, quand on parle à une maîtresse. Je t'ai répété cela bien des fois, tu as vraiment la tête trop dure.

PIERRETTE.

Oui, j'l'ai dure, mais solide, heureusement; je suis tombée l'autre jour dessus, ça ne m'a rien fait qu'une grosse bosse, j'ai tout d'même travaillé... Mais qu'est-ce que vous m'avez demandé ?

LYDIE.

Voilà encore que tu me parles directement, au lieu de parler à la troisième personne.

PIERRETTE.

Ous qu'elle est cette personne-là ? J'sommes rien que toutes deux.

LYDIE.

Tu ne comprends rien. Écoute et fais attention. Réponds comme si tu parlais de moi à quelqu'un.

PIERRETTE.

En v'la un détour, au lieu d'aller tout dret.

LYDIE.

Sans cela tu as l'air d'une servante mal apprise.

PIERRETTE.

C'est que c'est bien difficile de ne pas dire comme ça vous vient; vot'maman n'est pas si regardante.

LYDIE.

Maman est trop bonne... Tu lui as porté son chocolat?

PIERRETTE.

Oui! elle trouve que *la demoiselle* avait oublié de saler sa tartine. C'est vous la demoiselle que je parle.

LYDIE.

Alors il faut dire : Madame a trouvé que mademoiselle... Oh! que tu es bornée! Je ne parviendrai jamais à te faire rien comprendre.

PIERRETTE *se tourne vers la porte comme si elle s'adressait à quelqu'un.*

Elle dit que je suis bornée; ce n'est pas de ma faute, je n'ai pas pris des leçons comme elle.

LYDIE.

A qui dis-tu cela?

PIERRETTE.

A la troisième personne : je ne sais pas qui qu'c'est ni ous qu'elle est, mais vous voulez que je lui parle, eh ben, je lui parle.

LYDIE.

C'est exaspérant. Je ne pourrai jamais la former.

PIERRETTE.

V'là que vous parlez aussi de moi et que vous dites : Je ne pourrai jamais la former... Tout ça m'embrouille. (*Elle rit.*) Je trouve ça drôle; pourtant ça me fait trop gronder; je vas quérir vot'histoire... J'entends ben quand vous me commandez, ça suffit... Comment qu'il est, vot' livre ?

LYDIE.

Quel langage !... Je me sens honteuse quand il vient du monde au château.

PIERRETTE, *blessée.*

Vot'maman n'est pas si fière ; elle n'a point honte d'une honnête fille comme moi.

LYDIE.

Je n'ai pas honte de toi, mais de la façon dont tu parles. Si tu voulais, tu apprendrais à mieux dire ; tu le pourrais certainement tout comme une autre.

PIERRETTE.

Eh ben, je tâcherai ; mais il n'y a pas à dire, vous êtes trop fière.

LYDIE.

Il faut tenir son rang.

PIERRETTE.

Oh ! vous l'tenez ben avec le pauv'monde.

LYDIE.

Je donne au pauvre monde, en tout cas.

PIERRETTE.

Il y a encore manière de donner sans que la charité chagrine ceux-là à qui qu'on donne.

LYDIE.

Assez. Je ne te permets pas de me faire la leçon. Vas-tu devenir insolente, à présent?

PIERRETTE.

Je ne veux point l'être. Peut-être que ce que mam'zelle m'a dit m'est resté sus l'cœur.... Je crois que je viens de parler comme mam'zelle le veut. (*Elle rit.*) J'suis contente, ça va vous défâcher.... J'vas quérir le livre sur vot' bureau que mam'zelle m'a dit. Bon.

(*Elle sort un instant.*)

LYDIE.

Je ne puis pas souffrir les gens familiers; si je n'avais pas eu le tort de jouer toute petite avec Pierrette, je ne la supporterais pas.

PIERRETTE, *rentrant.*

Il y a là une jeune demoiselle avec une vieille dame très bien qui demande après vous, la jeune s'entend.

LYDIE.

A-t-elle l'air d'une personne comme il faut?

PIERRETTE.

Elle est ben gentille, toute modeste et avenante, à preuve qu'elle a commencé par me dire bonjour; elle a demandé madame après ça. J'ai dit que madame n'était pas finie d'habiller. Et mam'zelle Lydie? qu'elle a dit.

LYDIE.

Fais entrer. (*A part.*) Une personne qui dit bonjour à la domestique qui lui ouvre, ce n'est pas grand'chose sans doute.

PIERRETTE, *allant à la porte.*

Entrez, mam'zelle.

(*Pierrette sort quand l'autre entre.*)

SCÈNE II

LYDIE, ÉLIANE.

ÉLIANE.

C'est moi, chère Lydie, tu ne m'attendais pas?

LYDIE.

Non, Éliane, pas du tout.

ÉLIANE.

Embrasse-moi donc. (Elle s'embrassent.) Et ta chère maman va venir?

LYDIE.

Elle va bientôt descendre, je pense.

ÉLIANE.

Cela te fait-il plaisir de me voir au moins?

LYDIE.

Certainement, ma chère, je suis fort contente de vous voir.

ÉLIANE.

Tu ne me tutoies pas! Pourquoi donc? Les amies de pension se tutoient toujours.

LYDIE.

Toujours, c'est bien long... mais quand on n'est plus pensionnaire...

ÉLIANE.

Est-ce ainsi que tu me reçois? On t'accusait d'être orgueilleuse; mais je pensais que ta bonne et chère mère avait dû te corriger d'un défaut qui pouvait n'être après tout que de l'enfantillage.

LYDIE.

Mon Dieu, chère Éliane, je ne voudrais pas vous

LA VANITÉ.

TU NE M'ATTENDAIS PAS...

blesser; mais, une fois dans le monde, quand les situations sont différentes, je trouve qu'il est mieux... tout en s'aimant, de ne pas se parler comme on le faisait à la pension.

ÉLIANE.

Il suffit. Ne croyez pas que je persiste dans une familiarité qui paraît vous déplaire... Vous pensez sans doute que ma situation ne vaut pas la vôtre, que nous ne sommes pas du même monde? Soit; mais permettez-moi de vous le dire, cette manière de voir pourra vous attirer plus d'une leçon... Oh! Lydie... et moi qui vous croyais du cœur! La fille de votre mère!

LYDIE.

Mon intention n'était pas de vous faire de la peine, chère Éliane, car je vous aime, je vous assure.

ÉLIANE.

Mais pas assez pour tutoyer une amie dont vous ne connaissez ni les parents ni la condition... Je vais dans le parc attendre que je puisse voir madame votre mère...

LYDIE.

Éliane, je ne veux pas que tu me quittes ainsi.

ÉLIANE.

Vous m'avez fait de la peine, beaucoup de peine; laissez-moi me remettre avant d'embrasser celle qui a été pour moi si noblement bonne.

(Elle sort.)

SCÈNE III

LYDIE, *la suivant jusqu'à la porte.*

Je t'en prie!... (Elle revient en scène.) Elle ne m'écoute pas... J'ai regret qu'elle ait pris cela si à cœur; mais plus tard il m'eût été désagréable qu'elle me tutoyât. On disait à la pension que personne ne connaissait ni son père ni sa mère... Je n'ai jamais pu savoir pourquoi maman la protégeait et ne voulait pas me répondre quand je lui parlais des parents d'Éliane; elle avouait qu'elle était sans fortune, et cela avec un air de mystère qui me donnait à penser que maman lui faisait tout bonnement la charité.

SCÈNE IV

LYDIE, PIERRETTE.

PIERRETTE.

Savez-vous que la demoiselle qui causait avec vous pleure de grosses larmes? Une si jolie demoiselle! et si aimable! C'est-il donc que vous l'avez mal reçue?

LYDIE.

Cela ne te regarde pas. De quoi te mêles-tu?

PIERRETTE.

Dame! quand je vois quelqu'un qui a du chagrin, je ne peux pas m'empêcher de le plaindre, c'est plus fort que moi. Pauvre jolie demoiselle! Tout en pleurant, elle a parlé avec la vieille dame qui l'avait amenée et qui n'avait pas l'air contente non plus.

LYDIE.

Que lui disait-elle?

PIERRETTE.

Je n'entendais pas, c'était un vrai charabia, pas un mot de français. Ah! vous me dites que je parle mal; elles, c'était ben aut'chose. Je ne sais pas, ma fine, comment elles pouvaient tant seulement se comprendre.

LYDIE.

C'était de l'anglais.

PIERRETTE.

Malgré çà, elle avait un air ben doux, ben aimable avec sa bonne.

LYDIE.

Ça ne doit pas être sa bonne; elle n'a pas assez de fortune pour en avoir une.

PIERRETTE.

C'est pas comme vous; vous êtes riche, hein !

LYDIE.

Et bien née, en outre.

PIERRETTE.

Ce n'est pas une raison pour faire pleurer la jolie demoiselle. Je vous dis ce que je pense, moi; je peux pas me déguiser.

LYDIE.

Depuis quand te permets-tu de me parler avec cette impertinence? Je t'ai déjà dit que je ne le souffrirais pas. Une fois pour toutes, je te défends de me manquer de respect. Tu entends? Va-t'en à présent.

PIERRETTE.

Je m'en vas... Ah ! v'là madame.

(*Elle sort.*)

SCÈNE V

LYDIE, MADAME DE LA TOUR.

MADAME DE LA TOUR.

On m'a dit qu'il était venu quelqu'un.

LYDIE.

Oui, maman.

MADAME DE LA TOUR.

Qui cela?

LYDIE.

Éliane.

MADAME DE LA TOUR.

Éliane! Mon Dieu, aurait-elle appris quelque fâcheuse nouvelle de Londres?

LYDIE.

De Londres, dites-vous, maman?

MADAME DE LA TOUR.

Où donc est-elle?

LYDIE.

Dans le parc.

MADAME DE LA TOUR.

Tu ne l'as pas accompagnée?

LYDIE.

Je crois qu'elle a été mécontente... Je ne sais si vous m'en blâmerez... mais j'ai jugé nécessaire de lui faire un peu sentir la différence de nos situations dans le monde, à l'une et à l'autre.

MADAME DE LA TOUR, *ironiquement.*

Certes, elles sont très différentes.

LYDIE.

Je le supposais, et, tout en l'assurant que j'avais beaucoup d'amitié pour elle, je l'ai priée de vouloir bien ne plus me tutoyer. Ai-je mal fait, maman?

MADAME DE LA TOUR, *appelant.*

Pierrette! *(Pierrette paraît.)* Cours dans le parc et tâche de retrouver Mlle Éliane.

LYDIE.

C'est peut-être inutile; elle a dit qu'elle reviendrait.

C'est vous surtout qu'elle désirait voir pour vous remercier des bontés que vous avez eues pour elle.

MADAME DE LA TOUR, à Pierrette.

Va, ma bonne fille, et dis-lui que je l'attends avec impatience.

LYDIE.

Vous paraissez mécontente de moi, ma chère maman. Est-ce vrai? Dites-le-moi, je vous prie.

MADAME DE LA TOUR.

Éliane, en entrant ici, avait-elle un air de tristesse?

LYDIE.

Non, au contraire, elle était gaie et souriante.

MADAME DE LA TOUR.

Ah! cela me rassure.

LYDIE.

J'ai peut-être eu tort.

MADAME DE LA TOUR.

En attendant Éliane, je vais, ma fille, te réciter une fable...

LYDIE.

Une fable?

MADAME DE LA TOUR.

Qui me revient en mémoire, tu verras pourquoi. Écoute :

> Une fourmi s'imaginait,
> En sortant de sa fourmilière,
> Qu'elle allait être la première
> Du bal qu'un puceron donnait
> Aux insectes du voisinage.
> On lui fit certes bon visage ;
> Mais bien d'autres, en vérité,
> La valaient, soit pour la beauté,

Soit pour l'esprit et le langage.
On la traita donc simplement,
Comme une autre, avec politesse;
Mais elle, se croyant princesse,
Fut blessée et dit aigrement:
— Qui donc m'égale en fait d'ouvrage?
Autant que moi qui donc ici
Montre d'adresse et de courage?
— Mais l'abeille est vaillante aussi,
Lui dit-on, elle est fort habile;
De plus, son labeur est utile.
Vous travaillez, c'est naturel;
Mais hormis vous nul n'en profite.
L'abeille a donc plus de mérite,
Car c'est elle qui fait le miel,
Le doux miel que l'enfant adore
Et qu'elle extrait du sein des fleurs.
Apprenez une chose encore,
Qui pourra vous servir d'ailleurs :
— L'orgueil ne rehausse personne,
Et l'on se rit des vaniteux
Qui toujours, sachez-le, mignonne,
Trouvent quelqu'un au-dessus d'eux.

LYDIE.

Oh! maman, je comprends ma faute. Pourtant, Éliane n'est pas au-dessus de moi.

MADAME DE LA TOUR.

Il n'est, — tu n'as pas l'air de t'en douter, — de vraie supériorité que celle du mérite. Or, à ce point de vue, par le courage et la bonté, Éliane t'est supérieure, ma fille, et peut-être... Mais il n'est pas temps encore...

SCÈNE VI

Les Mêmes, ÉLIANE, PIERRETTE.

PIERRETTE.

V'là la jolie demoiselle.

ÉLIANE, *se jetant dans les bras de Mme de La Tour.*

Oh! madame, que je suis heureuse de vous voir!

MADAME DE LA TOUR.

Ma chère Éliane.

(*Elle l'embrasse.*)

ÉLIANE.

Qu'il me tardait de venir vous remercier de toutes vos bontés pour moi! Sans vous, maman eût trop cruellement souffert de notre séparation; mais, grâce à Dieu, les épreuves sont finies.

MADAME DE LA TOUR.

Serait-ce vrai?

ÉLIANE.

Oui, grâce à Dieu, mon père a enfin gagné sa juste cause; on lui rend son nom, son rang et la fortune des Lisburn.

MADAME DE LA TOUR.

Que Dieu soit béni! chère lady Eliane!

LYDIE, *à part.*

Lady!

ÉLIANE.

Appelez-moi toujours votre chère Éliane, votre seconde enfant; qui sait si, sans votre généreux dévouement, ma mère n'eût pas perdu courage? Et moi, n'osant porter un grand nom qui contrastait avec notre dénuement, que serais-je devenue? Oh! je vous dois d'avoir appris à n'être ni faible ni orgueilleuse.

PIERRETTE, *pleurant.*

Hi! hi! hi! V'là mam'zelle Lydie qui pleure ; ça me fait pleurer itout d'ly voir com'ça d'la peine.

ÉLIANE.

Tu pleures, Lydie... ma petite Lydie... Viens plutôt m'embrasser.

LYDIE, *en pleurant.*

Non, j'ai manqué de cœur, je ne pourrai jamais me pardonner. Je vous ai blessée.

ÉLIANE, *souriant.*

Tu me dis *vous* encore, méchante.

PIERRETTE.

Tuteyez-la comme vous me tuteyez, mam'zelle, pisqu'alle vous l'permet.

LYDIE.

Oh! Éliane, quelle leçon! Ah! tu avais bien raison de me le dire.

(*Elles s'embrassent.*)

MADAME DE LA TOUR.

Puisse-t-elle te corriger!

PIERRETTE.

Corrigée, all l'est, ben sûr! la leçon était pas volée, mais elle était bonne et ben à point!

LYDIE.

Hélas! tu n'as que trop raison, ma bonne Pierrette.

PIERRETTE.

Sa bonne Pierrette! Vous veyez ben qu'all n'est pus

fière et que j'ly répondrai à elle tout dret, et non à une troisième personne que j'connaissons ni d'Ève ni d'Adam.

LYDIE.

Oui, Pierrette, car je le comprends maintenant :

L'orgueil ne rehausse personne.

LE PREMIER BAL

PERSONNAGES :

CÉCILE. — MARIANNE, sa sœur. — NANETTE, nourrice de Cécile. — MADAME MAURY, mère de Cécile et de Marianne
LA MÈRE MATHIEU.

Une chambre. — Toilette avec glace, sièges, etc.

SCÈNE PREMIÈRE
CÉCILE, NANETTE.

NANETTE.

Plus le moment approche de faire ta toilette, et plus tu es inquiète, n'est-ce pas? Avoue, ma petite Cécile, que tu regrettes un peu ce que tu as fait.

CÉCILE.

Non, nourrice, non; mais je suis triste en pensant que maman et ma sœur vont être contrariées et souffrir d'une attente inutile.

NANETTE.

C'est vrai; tout le plaisir qu'elles se promettaient va en être troublé; madame se réjouissait tant de te conduire à ton premier bal.

CÉCILE.

Ce qui me désole, moi, c'est que je vais, pour la première fois, être obligée de mentir. Voilà le mauvais côté de la chose.

NANETTE.

Ton mensonge dure depuis huit jours ?

CÉCILE.

Oui, c'est un seul mensonge, mais il est bien long! Aussi comme j'attends demain avec impatience pour dire enfin la vérité!

NANETTE.

Pourquoi attendre à demain, mon bijou?

CÉCILE.

Ce ne sont pas les reproches de maman que je redoute, mais son mécontentement. Je ne veux pas qu'elle aille au bal avec une impression pénible.

NANETTE.

Quand je pense à la grosse somme que t'a envoyée ta grand'mère et que tu l'as dépensée autrement qu'elle ne l'aurait voulu! Si bonne que soit ton intention, je ne sais pas si c'est bien honnête d'avoir détourné l'argent du but pour lequel on te l'avait donné. D'abord, tu vas faire accuser Mme Thomassin, la couturière, d'une négligence impardonnable.

CÉCILE.

Oh! nourrice, pourquoi me tourmentes-tu au lieu de

me donner du courage? C'est mal à toi; tu ne m'en as pas tant dit quand il était peut-être encore temps de m'arrêter.

NANETTE.

A quoi cela aurait-il servi? Je te dis à mesure ce qu'il me vient à l'esprit.

CÉCILE.

Songe que demain le bal sera fini, que ma belle toilette serait fanée, que tout cet argent n'aurait servi qu'au plaisir d'un instant, tandis que... Va, j'espère que ma chère maman me pardonnera; oui, je l'espère. J'irai m'asseoir sur son lit dès qu'elle sera éveillée; je l'embrasserai bien et je lui ferai ma confession.

NANETTE.

Oh! ma petite mignonne, qui pourrait te résister? Ce n'est pas moi, toujours. Aussi je t'ai laissée mentir comme une petite arracheuse de dents, et n'ai pas encore la force de m'en faire un reproche à l'heure qu'il est. Je le devrais pourtant.

CÉCILE.

Ne te reproche rien, nourrice; je dirai que je suis seule coupable, que tu ne voulais pas, que j'ai tout fait malgré toi.

NANETTE.

Dis-moi, mon bijou, n'as-tu pas le cœur un peu gros de ne pas aller au bal ce soir?

CÉCILE.

Je crois bien que je m'y serais beaucoup amusée, mais...

NANETTE.

Vas-tu pouvoir garder ton secret tout à l'heure?

CÉCILE.

Ah! mon Dieu, pourvu que je ne dise pas quelque sottise! je vais rougir, me troubler peut-être; je suis déjà toute tremblante.

NANETTE.

Ta maman et ta sœur sont capables de vouloir se priver de la fête plutôt que de te laisser seule ici.

CÉCILE.

Oh! alors, je ne pourrais pas me tenir... En vérité, nourrice, on croirait que tu prends à tâche de redoubler mes inquiétudes.

NANETTE.

Mieux vaut tout prévoir. Mais calme-toi. Ah! voilà ta sœur.

SCÈNE II

LES MÊMES, MARIANNE, *coiffée déjà, avec une rose à la main, qu'elle pose sur la toilette.*

MARIANNE.

A-t-on apporté la robe?

CÉCILE.

Non.

MARIANNE.

Que c'est ennuyeux! Quand tu l'as essayée, es-tu sûre qu'elle t'allait bien et qu'il n'y aura rien à y refaire?

CÉCILE.

Si je suis sûre de quelque chose, c'est qu'il n'y aura rien à y refaire.

MARIANNE.

Ah! tant mieux. Nourrice, sa robe est-elle jolie? La

petite cachotière a voulu la choisir sans moi et sans maman, afin de nous en faire une surprise et de nous prouver son bon goût. C'est qu'à présent, si elle n'est pas bien, il ne serait plus temps d'en avoir une autre. Heureusement qu'on peut en effet se fier à Mme Thomassin ; sans cela je n'aurais pas laissé Cécile en faire à sa guise. Tu n'as jamais été au bal et tu ne sais pas... Dis-moi, chérie, te réjouis-tu bien de danser?

CÉCILE.

Mais... oui.

MARIANNE.

Ah! je vois. Tu es si contente que tu n'oses pas l'exprimer. Je voudrais seulement savoir la couleur de ta robe. Elle est blanche?

NANETTE.

Oui, comme celle des anges.

MARIANNE.

Nourrice, dans les tableaux, les anges ont des manteaux bleus.

NANETTE, *riant*.

Au fait, vous avez raison ; ils prennent un pan du ciel pour s'habiller.

MARIANNE.

Blanche ou bleue, cette rose n'en ira pas moins bien. C'est maman qui nous donne à chacune la nôtre. Trouves-tu la mienne bien placée?

CÉCILE.

Très bien.

MARIANNE.

Je suis venue pour te coiffer, afin que tu n'aies plus que ta robe à passer.

CÉCILE.

Nous avons encore le temps.

MARIANNE.

Non, chérie, l'heure s'avance, assieds-toi là.

(Elle la fait asseoir devant la toilette.)

CÉCILE.

Mais il me semble que j'étais assez bien coiffée comme me voilà ?

MARIANNE.

Oui, pour rester à la maison, mais non pour une grande soirée. Je veux que ma petite sœur soit charmante. (Elle arrange sa coiffure.) Nourrice, quels beaux cheveux elle a, votre enfant !

NANETTE.

Oui, et de plus elle n'est pas mal tournée. Elle ne vous fera pas honte, je m'en vante.

MARIANNE.

Les tresses sont si lourdes qu'il faut un régiment d'épingles pour les maintenir.

NANETTE.

En voilà.

MARIANNE.

Tu remues trop. Tu crois déjà entendre la musique, sans doute. Veux-tu que je pose la rose là ou là ?

CÉCILE.

Je m'en rapporte à toi, pose-la où tu voudras.

MARIANNE.

Tiens, regarde-toi ; tu es vraiment très jolie. Vais-je être contente d'entrer avec toi dans les salons ; j'ai déjà promis en ton nom trois contredanses. Souris donc un peu. Voyons quel air tu auras en dansant. Donne-moi la main. (Elle prend Cécile par la main. Elles dansent.) C'est ça, tu danses très bien.

CÉCILE, entraînée.

Oh! que c'est amusant! Je vais bien en mesure, n'est-ce pas? Est-ce que je me tiens comme il faut?

MARIANNE.

Admirablement. Maintenant, une mazurka. (Elles dansent.)

CÉCILE, se ravisant tout à coup.

C'est inutile... Assez, assez... (Elle s'assied.)

MARIANNE.

Tu crains de te fatiguer d'avance?

NANETTE.

C'est pourtant très gentil de vous voir danser comme ça toutes les deux.

CÉCILE.

Ah! quelle heure est-il donc?

MARIANNE.

Tu t'impatientes, tu voudrais déjà être au bal? Et ta toilette qui n'arrive pas! Nourrice, allez avec Cécile, afin qu'elle soit toute prête quand la couturière va venir apporter sa robe.

CÉCILE.

Mon Dieu!...

MARIANNE.

Ne t'inquiète pas, elle va arriver, certainement. Mme Thomassin est très exacte, elle sait que c'est pour ton début dans le monde. Elle ne te jouerait pas le tour de nous manquer de parole dans cette circonstance. Va, ma chérie.

(Cécile et Nanette sortent.)

SCÈNE III

MARIANNE, MADAME MAURY, *vétue pour le bal.*

MARIANNE, *seule un instant.*

La pauvre Cécile est inquiète. Comme elle est jolie rien qu'avec cette fleur. Elle va avoir beaucoup de succès.

MADAME MAURY.

Où est Cécile ?

MARIANNE.

Chère maman, elle s'apprête pour n'avoir plus que sa robe à mettre. Il est déjà tard.

MADAME MAURY.

Que t'a-t-elle dit ? A-t-elle l'air contente ?

MARIANNE, *riant.*

Elle parle à peine, tant elle est émue... Songez donc, maman, c'est un événement pour une jeune personne que son premier bal... Que je voudrais que sa robe arrivât! Pourvu encore qu'elle soit jolie et lui aille bien! Maman, vous auriez dû l'aider à la choisir.

MADAME MAURY, *gaiement.*

J'ai cédé à sa demande. Sois sûre que tout ira bien.

MARIANNE.

Tant mieux. Mais ce retard est inexplicable.

SCÈNE IV

MADAME MAURY, MARIANNE, *un instant;* CÉCILE, NANETTE, *arrangeant la chambre.*

MADAME MAURY, *à Cécile.*

Approche que je te regarde. Tu es très bien coiffée. Pourquoi es-tu si pâle ? Serais-tu souffrante ?

CÉCILE.

Souffrante, non, mais un peu agitée.

NANETTE.

Trop d'émotion.

MADAME MAURY.

D'aller au bal avec sa maman et sa chère Marianne... N'est-ce que cela, ma mignonne?

MARIANNE.

Moi, je cours achever ma toilette; ce ne sera pas long.

(Elle sort.)

MADAME MAURY.

Je me fais une fête de vous conduire toutes les deux. Vous êtes mes bijoux à moi, comme disait cette maman d'autrefois — Cornélie — en montrant ses enfants qui n'étaient pourtant que des garçons. M'écoutes-tu?

CÉCILE.

Oui, maman.

MADAME MAURY.

Tu sais que le bal va être superbe : des fleurs partout, des personnes couvertes de diamants; mais en vous regardant, mes chéries, je ne les leur envierai pas.

NANETTE.

Elles ne seront pas les plus laides, vos filles, j'en réponds.

MADAME MAURY.

Cécile, je te promets beaucoup de plaisir. Mais j'espère que tu n'as pas dépassé la grosse somme que ma mère t'a envoyée pour te faire belle? Est-ce qu'il ne t'en reste rien?

CÉCILE, *embarrassée*.

Non, maman...

MADAME MAURY.

Il ne faudra pas une autre fois faire une pareille dépense ; la simplicité est de meilleur goût pour une jeune fille.

CÉCILE.

Oh! ma chère maman, tout ce que vous me dites m'entre dans le cœur.

MADAME MAURY.

Vraiment? Parle-moi de ta joie.

NANETTE.

Sa joie! Tenez, madame, regardez-la, voilà qu'elle pleure.

MADAME MAURY, *souriant*.

On frappe. Voyez donc qui c'est, nourrice, et faites entrer.

NANETTE.

Heureusement que ça va finir.

(Elle va ouvrir.)

SCÈNE V

CÉCILE, MADAME MAURY, NANETTE, LA MÈRE MATHIEU.

CÉCILE, *à part*.

Grand Dieu! Elle! La mère Mathieu!

MÈRE MATHIEU.

Faites excuse, mam'zelle, pardonnez-moi de venir vous trouver à cette heure-ci.

CÉCILE.

Oui, il est trop tard... demain... demain... Maman, c'est une pauvre dame, une personne que je vais visiter, vous savez. Pas aujourd'hui, à demain, madame Mathieu, je vous prie.

MADAME MAURY.

Nous avons le temps. Parlez à ma fille, ma brave dame.

MÈRE MATHIEU.

Votre fille est un ange, madame.

MADAME MAURY.

Elle vous a fait du bien?

MÈRE MATHIEU.

Du bien? Dites qu'elle nous a sauvés.

CÉCILE.

Je vous en prie, madame Mathieu, retirez-vous; je n'ai pas le temps en ce moment de vous écouter.

MADAME MAURY.

Si fait, puisque la toilette est en retard.

MÈRE MATHIEU.

Je n'ai que deux mots à vous dire, mam'zelle : nous venons d'apprendre que nous avons la porte de la grande maison de la rue de Monceaux; nous vous devons encore ce bienfait-là, qui nous met hors de peine pour toujours.

CÉCILE.

Ce n'est pas moi...

MÈRE MATHIEU.

Que si, c'est bien vous : la propriétaire me l'a dit : « Vous devez ça aux recommandations de Mlle Cécile Maury. » Voilà ses propres paroles, et j'ai été si saisie de joie, que je n'ai fait qu'un saut jusqu'ici, me disant : La brave demoiselle va savoir notre bonheur avant tout le monde; ça va lui faire plaisir. (A Mme Maury.) Car, madame, voyez-vous, nous lui devons de vivre; je ne savais plus que devenir, mon mari était malade, mes enfants pour ainsi dire sans vêtements par le froid qu'il fait. Voilà que votre fille vient chez nous, elle fait habiller mes cinq petits, amène le médecin pour mon mari et paye les remèdes;

LE PREMIER BAL.

EMBRASSEZ-LA SUR LES DEUX JOUES.

puis elle nous ouvre un crédit de cent francs chez le boulanger. Ce n'est pas tout : au lieu de paille, nous avons des lits bien propres avec des couvertures. Allez, elle en a dépensé pour nous de cet argent, je vous en réponds; et nous voilà avec une bonne place, c'est le salut pour toute la vie. Vous comprenez, madame, que je n'ai pas pu m'endormir sans venir la remercier; il fallait qu'elle eût sa part de notre joie. Maintenant, mam'zelle, je m'en vas en vous demandant bien des pardons... Ah! la chère demoiselle, elle est toute rouge, elle ne veut pas qu'on la remercie. Je voudrais pourtant vous baiser la main.

MADAME MAURY.

Embrassez-la sur les deux joues, ma bonne mère.

MÈRE MATHIEU.

Puisque vous le permettez. *(Elle embrasse Cécile.)* C'est bien doux de dire : Merci ! *(Elle salue Mme Maury et sort.)*

SCÈNE VI
CÉCILE, MADAME MAURY, NANETTE, puis MARIANNE.

NANETTE.

Eh bien, j'aime mieux ça. Tout est découvert! Madame sait maintenant pourquoi nous n'avons point de robe de bal. Ça nous pesait trop, ce secret...

CÉCILE, *effarée.*

Maman! maman! pardonnez-moi de vous avoir caché...

NANETTE.

Que tout l'argent de la grand'mère y a passé, tout.

MADAME MAURY.

Est-ce bien, ma fille, de t'être cachée de moi, même pour faire une bonne action?

CÉCILE.

J'aurais dû tout vous dire... ne pas vous tromper... Je le sens à présent...

MADAME MAURY.

Oui, car la vérité est aussi belle que la charité.

CÉCILE.

Maman, je vous jure que je ne mentirai plus jamais, j'ai trop souffert. A l'avenir, vous saurez tout...

NANETTE.

Ainsi, tu as cru, grande innocente, que la chère madame ignorait ta générosité? Non, ma petite chérie, Nanette n'y va pas par quatre chemins; de mère à nourrice on se comprend. Je lui ai tout dit avant que la chose se fasse... Sans cela, est-ce que j'aurais été digne de sa confiance? Et puis, Cécile, je vais t'apprendre encore une chose, c'est elle qui a fait prendre pour concierge le père Mathieu.

CÉCILE.

Maman! chère maman, je vous adore! (*Elle se jette dans les bras de Mme Maury.*)

MADAME MAURY.

Je voudrais t'en vouloir, petite dissimulée; mais tu es déjà assez punie en restant ici comme Cendrillon, tandis que nous allons au bal, ta sœur et moi.

CÉCILE.

Du moment que vous n'êtes pas fâchée, je ne suis pas punie du tout, je n'ai jamais été si contente. Il est bien juste que je paye un peu ma faute et mon plaisir.

NANETTE.

Elle est tout de même bien mignonne, n'est-ce pas, madame?

SCÈNE VII

Les Mêmes, MARIANNE, parée.

MARIANNE.

Quoi, Cécile! pas encore habillée! Ta robe...

MADAME MAURY, *parle bas à Nanette, qui sort.*

Cécile ne l'a pas commandée; je viens d'apprendre qu'elle a donné tout l'argent de sa toilette à de pauvres et dignes gens que son sacrifice a tirés du malheur.

MARIANNE.

C'est très mal... très mal, non, car c'est aussi très bien, le cas est très embarrassant... Tenez, maman, si vous voulez, pour prendre notre part de sa bonne action, et de sa punition, car elle en mérite une punition, nous allons rester avec elle; cela doublera sa peine de nous priver du bal. Oh! je vous en prie, mère, restons avec.... (*Allant tout à coup vers Cécile.*) Pauvre Cécile, te laisser ici toute seule, pendant que je danserais là-bas... jamais. (*Elle l'embrasse.*)

CÉCILE.

Je ne le veux pas, maman, je ne le veux absolument pas; cela gâterait toute ma joie, si vous renonciez pour moi à la vôtre. Partez, partez, maman.

NANETTE, *rentrant avec une caisse.*

Eh bien, oui, elles vont partir, mais toi aussi, tu partiras, et avec elles. (*Elle ouvre la caisse et en tire une robe de bal.*) Ta robe est faite, la voilà... pressons-nous de la mettre.

CÉCILE.

Quoi!... Cette robe? ma robe... Il y a une robe faite pour moi...

NANETTE.

Eh bien, ta maman avait son secret, elle aussi; elle n'en avait pas le droit peut-être.

CÉCILE et MARIANNE, *embrassant madame Maury.*

Oh! maman! chère maman! Vous êtes trop bonne.

MADAME MAURY.

Assez, mes chéries. Il est tard. Vite, nourrice, habillez ma Cécile...

NANETTE.

Elle en pleure de joie.

MADAME MAURY.

Ne pleure pas. Cela te rougirait les yeux, et je veux te voir gentille.

MARIANNE.

Comment vous remercier, maman?

MADAME MAURY.

En vous amusant de bon cœur, mes enfants, car mon plaisir, c'est le vôtre.

LA DINETTE

PERSONNAGES :

TOTO. — ALFRED — ALICE. — JULIETTE. — ENFANTS.

Salon avec cheminée, fenêtres, table sur le devant, sièges. Porte au fond, porte à gauche.

SCÈNE PREMIÈRE

ALICE et JULIETTE *mettant le couvert.*

JULIETTE.
Attendez que j'aie mis les assiettes et les petites serviettes... Alfred, va chercher les verres.

ALICE.
Je vais t'aider.

JULIETTE.
Prenez garde de les casser.

ALFRED.

Je ferai mieux tout seul; reste, Alice. Combien en faut-il?

ALICE.

Beaucoup. Où donc est Toto?

JULIETTE.

Je ne sais pas, mais, sois tranquille, il se trouvera.

ALICE.

Il devrait venir nous aider.

JULIETTE.

Oui, pour qu'il écorne tous les gâteaux en les apportant. Tu sais bien comme il est gourmand.

ALICE.

La table sera-t-elle assez grande?

JULIETTE.

Les messieurs ne s'assiéront pas, ils serviront les demoiselles. Nous les servons assez souvent, c'est à leur tour.

ALICE.

Il serait mieux cependant qu'Alfred fût à table.

JULIETTE.

Il y sera comme maître de maison. C'est moi qui serai la maîtresse. Nous nous mettrons en face l'un de l'autre, au milieu de la table.

ALICE.

Moi, je me mettrai au bout, ça m'est égal.

JULIETTE.

Tu es la plus jeune.

ALICE.

Tu sais que Pauline viendra.

JULIETTE.

Et les petites filles de Mme Dutertre. Sylvie vient aussi.

ALFRED, *qui vient de rentrer avec les verres.*

Tant pis; si elle manquait, ce n'est pas moi qui la pleurerais.

ALICE.

Parce qu'elle t'a trouvé très laid en Turc et qu'elle n'a pas voulu danser avec toi.

ALFRED.

C'est une pimbêche; d'ailleurs, je déteste les cheveux rouges.

ALICE.

Les siens sont blonds.

ALFRED.

Non, ils sont rouges et même carotte.

ALICE.

Il y a de très jolis cheveux rouges et qui sont très à la mode...

JULIETTE.

Il est trop tôt pour vous disputer, attendez que tout soit prêt. Alfred, il n'y a pas encore assez de verres.

ALFRED.

Je vais en chercher d'autres. J'ai mieux aimé faire deux voyages que de tout casser.

JULIETTE.

Toi, Alice, va prendre les brioches et les sandwiches. Tu sais où je les ai mises.

ALICE.

Pourvu que Toto ne les ait pas découvertes!

JULIETTE.

Il n'y a pas de danger, je me suis méfiée. *(Ils sortent un instant.)* Il me faudrait plus de fleurs que ça; il y en avait davantage chez Pauline.

ALFRED, rentrant avec les verres.

Voilà.

JULIETTE.

Bien. Les carafes à présent.

ALFRED.

Ne te gêne pas; je suis encore bon pour une douzaine de voyages, aller et retour.

(Il sort. Alice rentre.)

ALICE.

Voici les brioches, je retourne.

ALFRED, avec les carafes.

Que faut-il encore à madame?

JULIETTE.

La bouilloire.

(Alfred sort.)

ALICE.

Et puis les sandwiches et les dragées.

(Elle sort.)

ALFRED, rentrant.

Saluez! C'est le plum-pudding, notre plat de milieu, s'il vous plaît.

JULIETTE.

Pour bien faire, il nous faudrait encore du rhum et de la crème.

ALFRED.

Du rhum, ce sera peut-être difficile. Bah! avec un peu de diplomatie...

(Il sort.)

ALICE.

Moi, je vais m'occuper de la crème.

(*Elle sort, rencontre Alfred.*)

ALFRED, *rentrant*.

Prends donc garde, tu as manqué me faire renverser le rhum. Échouer comme ça au port ! c'eût été irréparable.

JULIETTE.

Il n'y en a guère.

ALFRED.

Je le sais bien, mais Baptiste n'a pas voulu m'en donner davantage.

JULIETTE.

Mets le verre sur la cheminée, de crainte qu'on ne le renverse.

ALFRED.

Tu ne l'allumeras que lorsque tout le monde sera là.

JULIETTE.

Certainement ; c'est la première fois qu'ils auront vu un plum-pudding avec des flammes ; ce sera très joli.

ALFRED.

Le plus beau moment du festin. Il me semble déjà entendre leurs cris d'admiration.

ALICE.

Après ces fruits, il n'y a plus rien ?

JULIETTE.

C'est bien assez.

ALFRED.

Je crois bien ; tu as très bien arrangé cela, Juliette. Mes

compliments sincères, ma chère dame. J'ai bien dit cela, pas vrai ?

JULIETTE.

Je suis très heureuse de votre approbation, cher monsieur. — Et maintenant va vite t'habiller.

ALFRED.

Ça ne sera pas long. Ma veste de velours, avec une cravate blanche. Serai-je assez bien comme cela pour saluer les cheveux blonds rouges de Mlle Sylvie ?

JULIETTE.

Oui, oui, va.

(Il sort.)

SCÈNE II

JULIETTE, ALICE.

ALICE.

Décidément, il en veut à cette pauvre Sylvie. J'espère que cela n'ira pas jusqu'à lui faire la mine.

JULIETTE.

Ici, chez lui, oh ! il n'y a pas de danger ; Alfred est trop bien élevé pour cela. — Quant à moi, j'avais fait ma toilette d'avance.

ALICE.

Et moi aussi. C'eût été trop ennuyeux d'être surprise en déshabillé.

UNE VOIX D'ENFANT, *au dehors.*

La charité, s'il vous plaît.

ALICE, *courant à la fenêtre.*

Juliette, ce sont deux petits pauvres.

DEUX VOIX.

Nous avons grand'faim.

ALICE.

Ils ont grand'faim.

JULIETTE, *courant à la fenêtre.*

Voyons. Oh! les pauvres petits!

ALICE, *par la fenêtre, aux mendiants.*

Attendez. (*Elle va à la table, prendre deux brioches.*) Tenez...

JULIETTE.

Comme ils sont pâles! Et quels yeux tristes! Oui, ils ont l'air affamés tout à fait.

ALICE, *revenant prendre des sandwiches.*

Tenez encore, mes petits.

(*Elle revient et prend des gâteaux qu'elle donne.*)

C'est très bon, n'est-ce pas?

JULIETTE.

Cela va faire une brèche à la dînette.

ALICE.

Tant pis; je ne prendrai ni gâteaux ni sandwiches.

JULIETTE.

Moi non plus. Je n'en ai pas besoin.

(*Elle va reprendre deux fruits et les donne.*)

Êtes-vous contents? C'est fini. Allez, maintenant.

LES ENFANTS, *au dehors.*

Merci bien de votre bonté, mes bonnes demoiselles.

ALICE.

Je me suis un peu sali les mains en portant les plats.

JULIETTE.

Et moi aussi en mettant le couvert. Viens, avant que ces demoiselles arrivent.

(*Tandis qu'elles sortent à gauche, Toto passe la tête par la porte.*)

SCÈNE III

TOTO, *entrant.*

Elles ne sont plus là... Tiens, la dînette est servie. (*Il s'approche de la table.*) Ça a l'air très bon, tout ce qu'il y a... des sandwiches! J'aime beaucoup les sandwiches, moi, c'est nourrissant. (*Il en mange une, puis deux.*) Quelles jolies petites galettes! (*Il en prend et les mange.*) Des oranges glacées. (*Même jeu.*) Elles sont fameusement bonnes. (*Il en reprend.*) Mais ça fait un trou quand on en prend; comment faire? Bah! on ne saura pas que c'est moi; encore une. (*Il la mange.*) Une petite brioche, et ce sera tout. (*Il s'éloigne de la table en mangeant, va à la cheminée.*) Un verre plein! Qu'est-ce qu'il y a dedans? (*Il le sent.*) Du rhum. Pourquoi est-il là? (*Il le goûte.*) Tiens, mais, ce n'est pas mauvais du tout. (*Il le vide tout entier.*) Ça brûle un peu, mais c'est bon tout de même. On vient... Ils seraient capables de dire que c'est moi.

(*Il se sauve. Alice l'aperçoit au moment où il disparaît.*)

SCÈNE IV

ALICE, JULIETTE, puis ALFRED

ALICE.

Je viens de voir Toto sortir d'ici. Il se sauvait...

JULIETTE.

Nous sommes perdues. Bien sûr, il aura mangé de la dînette.

(*Elles vont à la table.*)

Il n'y a pas manqué. Regarde l'assiette d'oranges glacées. (*Alfred rentre.*) Alfred, tu sais que Toto est venu et qu'il a mangé des oranges glacées.

ALFRED.

Tu m'étonnerais bien davantage si tu me disais qu'il est entré et qu'il n'a touché à rien.

JULIETTE.

Et il a pris aussi des sandwiches.

ALICE.

Et d'autres gâteaux encore, sois-en sûre.

ALFRED.

Et le rhum! le verre est vide. Oh! le petit monstre!

JULIETTE.

Ah! quel malheur! Pour lui d'abord, et puis pour le plum-pudding.

ALICE.

Alfred, va en chercher d'autre.

ALFRED.

Baptiste est sorti et il a la clef du placard. Il faut en faire notre deuil. Quant à Toto, je ne crois pas qu'il y en eût assez pour lui faire mal. Tu te rappelles, une fois, il a mangé une quantité de cerises à l'eau-de-vie. Maman était très inquiète; mais il a babillé comme une pie, on l'a couché, il s'est endormi, et il n'en a été rien de plus. Oh! il a la tête solide. Et l'estomac donc!

JULIETTE.

Tant mieux s'il ne lui arrive rien, mais ce sera désolant que le plum-pudding ne flambe pas.

ALICE.

Quel gourmand incorrigible que ce Toto!

JULIETTE.

Il peut être bien sûr qu'on ne l'appellera pas pour notre dinette.

ALICE.

Ce n'est pas moi, bien sûr, qui irai le chercher, mais ce ne sera pas le punir assez, car il a bien pris sa part. Il faudrait autre chose.

ALFRED.

Écoutez! Il me vient une idée.

JULIETTE.

Voyons ton idée.

ALFRED.

Elle est bonne. Je n'en ai jamais d'autres. Mais il faudra bien jouer votre rôle et ne pas rire.

JULIETTE et ALICE.

Nous ne rirons pas.

ALFRED.

Nous ferons comme si nous ne nous étions aperçus de rien. A un certain moment je dirai : — Tiens, il n'y a plus de rhum, qu'est-il devenu? Vous vous écrierez : — Ce n'est pas moi qui l'ai bu! Toto en dira autant.

ALICE.

Ça, c'est sûr. Il est menteur comme tous les gourmands.

ALFRED.

Ce qui ne l'empêche pas d'être poltron!

JULIETTE.

Oui, il est très poltron.

ALFRED.

La suite me regarde. Ce sera très amusant, vous verrez. Et M. Toto ne rira pas, lui. Mais voilà Louis et Marie et les autres qui arrivent.

SCÈNE V

Les Mêmes et des ENFANTS, puis TOTO.

JULIETTE.

Bonjour, mesdemoiselles.

(Elles s'embrassent.)

ALFRED.

Mademoiselle Sylvie, je vous présente mes respectueux hommages.

SYLVIE, *riant.*

Monsieur Alfred, je suis très honorée de les recevoir. Vous ne m'en voulez plus?

ALFRED.

Ma foi, non. *(Aux garçons.)* Vous allez bien?

(Ils se donnent une poignée de main.)

LOUIS.

Et toi?

ALFRED.

Comme le Pont-Neuf.

ALICE.

Tout est prêt, mesdemoiselles.

JULIETTE.

Je crois que tout le monde peut tenir à table.

(Toto entre.)

ALICE.

Tiens, voilà Toto. Bonjour, Toto.

TOTO.

Vous alliez faire la dînette sans moi, à ce qu'il paraît, mais je savais l'heure et je me suis précipité. Ah! ah! Sans moi, c'eût été trop fort.

(Alfred place les chaises.)

JULIETTE.

Attendez, s'il vous plait, que je fasse le thé. Amusez-vous un peu pendant ce temps-là.

(*Les enfants dansent.*)

ALFRED.

Ah! j'allais l'oublier, prenez bien garde! Ne touchez pas du tout au verre qui est sur la cheminée, c'est du poison.

ALICE.

Il n'y a pas de danger, nous n'y toucherons pas.

TOTO, *haussant les épaules.*

Allons donc! du poison.

ALFRED.

Du vrai poison, mon cher; c'est M. le pharmacien qui l'a apporté à papa pour une de ses expériences, et papa a dit : « Est-ce le plus fort de tous les poisons? » M. Thomas a répondu : « Le plus fort des poisons connus et inconnus. » Alice était là. Ainsi!

ALICE.

Oui, et papa nous a dit : — Mes enfants, n'y touchez pas.

TOTO.

Quelle bêtise! du poison dans un verre.

ALFRED.

Il faut qu'il soit à l'air. M. Thomas a dit le nom, c'est du curare. Au bout d'une heure qu'on en a pris, on est mort.

ALICE.

C'est affreux!

TOTO, *blanc comme un linge.*

Du curare ?

ALFRED.

M. Thomas en a dit toutes sortes de choses très curieuses, ce qu'on éprouvait après l'avoir absorbé, comment on devenait jaune, vert, etc., et puis enfin tout noir.

TOTO.

Du poison, c'est mauvais.

ALFRED.

Non, il paraît que celui-là est bon. Il donne chaud à l'estomac, d'abord. Vingt-cinq minutes après, on est mouiet.

TOTO, *mettant la main à l'estomac.*

A l'estomac, on a chaud?

ALFRED.

Oui. Puis on se sent...

TOTO.

Quoi ?

ALFRED.

Une colique légère pour commencer. (*Toto se prend, e entre t se lève.*) Grand Dieu ! Le verre est vide. Qui est-ce qui bu le poison ?

ALICE.

Qui que ce soit, il est perdu !

TOTO, *se tordant.*

Perdu-u-u-u...

ALFRED.

C'est la mort inévitable ou à peu près.

TOTO.

Ho ! la la ! ho ! la la !

ALFRED.

Qu'as-tu donc ?

TOTO, *criant.*

Je suis empoisonné !

(*Il se roule à terre.*

TOUS.

Empoisonné !

ALICE, *se cachant pour rire.*

Pauvre Toto !

TOTO.

Sauvez-moi !...

ALFRED.

M. Thomas a dit...

ALICE.

Qu'il fallait s'étendre sur le dos.

JULIETTE.

Puis se tirer le nez tant qu'on peut, pour détendre les nerfs.

TOTO, *se tirant le nez et parlant du nez en se le tirant.*

Est-ce comme ça ? Ho ! la la ! Allez chercher maman.

ALICE.

Elle est sortie.

ALFRED.

M. Thomas a dit de boire de l'eau tiède, beaucoup, beaucoup.

TOTO.

Vite de l'eau tiède, vite...

ALFRED.

Et de mettre dedans un peu de sel.

LA DINETTE.

JE SUIS EMPOISONNÉ!

ALICE.
En voilà.

(Il boit.)

JULIETTE.
Puis se bien couvrir de tout ce qu'on a sous la main.

TOTO.
Cou-cou-couvrez-moi.

(On entasse sur lui coussins, petits tabourets, une chaise.)

ALFRED.
Ne remue pas du tout pendant que nous serons à table.

TOTO.
A table, quand je peux mourir à chaque instant.

ALICE.
Si tu restes bien sans bouger, tu seras sauvé. Si nous ne restons pas autour de toi, c'est pour ne pas te troubler.

ALFRED.
Ce qui serait très dangereux. Il ne faut pas même le regarder.

JULIETTE.
Mesdemoiselles, asseyons-nous.

(Ils s'asseyent autour de la table.)

ALFRED.
Le pauvre Toto ne peut pas manger, lui. Ah! il est bien à plaindre.

(Ils mangent.)

PAULINE.
Ces gâteaux à la crême sont excellents.

MARIE.
Oui, parfaits.

LOUIS.

Et les sandwiches donc! Je n'en ai jamais goûté de si bonnes.

TOTO.

Sont-ils gourmands! Manger comme cela pendant que je suis malade! Et j'étouffe là-dessous.

JULIETTE.

Mesdemoiselles, il faut finir les oranges glacées.

SYLVIE.

Nous ne demandons pas mieux.

ALICE.

Après le plum-pudding, si vous voulez bien.

TOTO.

Il ne va rien rester pour quand je serai guéri.

ALFRED.

Voilà les assiettes vides. Le thé à présent, Juliette.

JULIETTE.

Il est servi, tu le vois bien.

SYLVIE.

Et bu. Comme tout le reste, il est on ne peut meilleur. Juliette est vraiment une maîtresse de maison modèle.

TOTO.

Est-ce que je vais rester comme ça encore longtemps?

ALFRED.

Tout à l'heure... Je te dirais quand tu pourras te lever sans danger Je regarderai la pendule.

JULIETTE.

Je suis contente, messieurs et mesdames, que vous ayez trouvé la dînette bien servie. Il y manquait cependant une chose : du rhum pour le plum-budding ; celui que nous devions y mettre avait été bu d'avance.

ALFRED.

J'avais placé imprudemment le verre sur la cheminée.

(*Ils rient tous aux éclats.*)

TOTO, *renversant tout et se levant.*

Le verre de rhum sur la cheminée ?... Mais alors c'était pas du poison ?

ALFRED.

Non, mon petit ami.

(*Ils rient tous.*)

TOTO.

Menteurs que vous êtes ; méchants, qui avez dévoré sans moi toute la dînette.

ALFRED.

Voilà ce que c'est que d'être un gourmand. On est puni par où l'on a péché.

TOTO.

C'est bon. Je dirai à papa que vous m'avez fait peur pour rien.

JULIETTE.

Je t'y engage ; tout ce que tu y gagnerais, ce serait qu'il te prive encore de dessert, comme il l'a fait déjà plus d'une fois pour te corriger de ta gourmandise.

ALFRED.

Ce qui ne l'empêche pas de bien t'aimer. Nous t'aimons bien aussi, mais nous n'aimons pas tes défauts, et c'en est un très vilain que la gourmandise ; c'est la mère de tous les vices ; elle a fait de toi, aujourd'hui, un voleur et un menteur. (*Toto pleure.*) Tu ne peux pas dire le contraire.

(*Toto hurle.*) Ça ne sert à rien de hurler, tu ferais mieux de te corriger.

TOTO.

Eh bien, je tâcherai.

JULIETTE.

A la bonne heure. Et maintenant, viens danser avec nous; tu dois avoir besoin de te dégourdir.

TOTO, *à demi voix à Juliette.*

Je peux pas, ma Juliette, je suis obligé de m'en aller, j'ai trop mal au ventre, et aussi à la tête. (*Il s'en va en chancelant et en disant.*) Je ne boirai plus de rhum c'est peut-être pas du poison, mais ça fait bien du mal tout de même.

UN RÊVE
OU L'ILE DE POLICHINELLE

PERSONNAGES :

POLICHINELLE. — ANDRÉ. — MARTIAL.
RICOCO, domestique de Polichinelle. — **M. LE COMMISSAIRE.**
Mme **POLICHINELLE. — UNE FÉE.**

Une chambre avec deux lits.

SCÈNE PREMIÈRE
ANDRÉ et MARTIAL, *couchés.*

ANDRÉ.

Mon oncle dit que nous ne sommes plus d'âge à lire des contes de fées. Eh bien! ils m'amusent toujours beaucoup; et toi, Martial?

MARTIAL.

Je les adore. Je voudrais bien qu'il y eût encore des fées.

ANDRÉ.

Mon oncle dit qu'il n'y en a jamais eu.

MARTIAL.

Mais les *Mille et Une Nuits* ne sont pas des contes de fées. L'histoire de la *Lampe merveilleuse* et celle de la *Montagne d'aimant*, qui attirait les vaisseaux, sont peut-être vraies.

ANDRÉ.

Non, pas du tout.

MARTIAL.

Tu crois qu'il n'y a plus d'enchanteurs?

ANDRÉ.

Pas plus qu'il n'y a de fées.

MARTIAL.

J'en suis fâché.

ANDRÉ.

S'il y en avait, que leur demanderais-tu?

MARTIAL.

D'aller tous les jours à Guignol, parce qu'on s'y bat.

ANDRÉ.

J'aime bien aussi les batailles, mais j'aimerais encore mieux voyager. Ah! les voyages! Quand je serai grand, j'irai dans des pays où personne n'est jamais allé.

MARTIAL

(Il bâille.)

Ce sera amusant.

ANDRÉ, *bâillant aussi.*

Très amusant.

MARTIAL.

Si tu soufflais la bougie?

ANDRÉ.

Tu veux dormir?

MARTIAL.

Oui. Adieu! frère.

ANDRÉ *souffle la bougie.*

Adieu! (*Ils s'endorment.*)
(*Musique soudaine. — La Fée paraît.*)

SCÈNE II

LA FÉE.

Dormez bien, mes petits chéris,
J'accours, je suis la fée aux songes,
Qui viens tresser leurs doux mensonges
Autour de vos fronts endormis ;
Je m'envole pendant vos veilles,
Au lever du jour je m'enfuis,
Mais sur le voile noir des nuits
Ma main sait broder des merveilles.
Mes enfants, que désirez-vous ?
Je peux vous donner mille choses :
Des bonbons, les fruits les plus doux,
Bouquets de lilas ou de roses.
De beaux joujoux vous plairaient-ils?
Aimez-vous jouer à la guerre ?
Voici des canons, des fusils,
Tout un attirail militaire.
Préférez-vous de beaux habits ?
Ou des oiseaux de toute espèce,
Aux ailes d'or et de rubis,
Qui viennent pour qu'on les caresse ?
Dites ce que vous désirez.
On aime à courir à votre âge,
Vous parlez tout bas de voyage ;
Mes amis, vous voyagerez
Chez un amusant personnage.

Très gai, que vous reconnaîtrez.
Comme vous aimez la bataille,
Que vous êtes braves, dit-on,
Je sais que vous serez de taille
A jouer aussi du bâton.
Vous ne me croyez pas, sans doute?
Eh bien, sans toucher votre main,
Je vous emporte; allons! en route!
Vous serez revenus demain.

(Décor de fantaisie.)

SCENE PREMIÈRE

ANDRÉ, MARTIAL, RICOCO.

ANDRÉ.

Où sommes-nous ici?

RICOCO.

Vous êtes, mes seigneurs, chez le grand, l'étonnant, le populaire, l'inimitable Polichinelle.

MARTIAL.

Comment, le Polichinelle de chez Guignol?

RICOCO.

Chez lui-même. Il est en vacances dans son île; c'est une île presque déserte qu'il a achetée pour y être tranquille et se reposer de ses rudes fatigues.

ANDRÉ

Quelle vie y mène-t-il?

RICOCO.

Celle d'un souverain, car personne n'ose lui résister.

MARTIAL.

Est-il aimé de ses sujets?

RICOCO.

Je le crois bien, mes seigneurs, il commande l'affection à coups de bâton, et le respect à grands coups de pied.

ANDRÉ.

En vérité? Et on les supporte?

RICOCO.

Il y quelques seigneurs qui tendent le dos volontairement, mais en général on l'évite; il reçoit peu de visites.

ANDRÉ.

Vous êtes à son service?

RICOCO.

Hélas! oui, des revers de fortune...

MARTIAL.

Dites-moi, mon ami, est-ce qu'il bat toujours sa femme?

RICOCO.

A tour de bras.

ANDRÉ.

Et le commissaire?

RICOCO.

Tant qu'il peut.

ANDRÉ.

Et vous?

RICOCO.

A la journée.

ANDRÉ.

Vous devez le détester.

RICOCO.

C'est mon maître, et si j'étais sûr de votre discrétion, je vous dirais bien ce que j'en pense.

MARTIAL.

Parlez franchement, nous ne vous compromettrons pas.

RICOCO.

Eh bien :

AIR : *Aussitôt que la lumière.*

C'est un glouton, un ivrogne,
C'est un méchant, un menteur,
Un sans cœur et sans vergogne,
Un traître, un blasphémateur ;
Moi qui suis à son service,
Il a, me dis-je souvent,
Plein ses bosses de malice
Par-derrière et par-devant.

MARTIAL.

Voilà un portrait ressemblant et peu flatté. Ce que je ne comprends pas, c'est pourquoi personne ici ne se défend.

RICOCO.

Nous n'avons point d'armes.

ANDRÉ.

Vous avez des poings.

RICOCO.

Mais lui, il a un bâton.

ANDRÉ.

Pourquoi n'en avez-vous pas ?

AIR : *Le premier pas.*

Un bon bâton
Qu'on tient d'une main sûre,
A moins qu'on n'ait ventre et dos en carton,
Fait de bons bleus sur la peau la plus dure.
Je ne voudrais pour venger une injure,
Qu'un bon bâton.   (*bis*)

RICOCO.

Oui, s'il s'en trouvait dans l'île, mais il est défendu d'en importer; il n'y a que le seigneur Polichinelle qui en possède, et il les tient enfermés sous clef.

AIR de *la Champenoise.*

Il en a de toutes les tailles
Un gros pour ses jours de batailles ;
De bonne humeur le lendemain,
Il va la badine à la main.
Qu'il vous caresse ou qu'il vous rosse,
De la malice plein sa bosse;
Que l'on soit content ou battu,
Il rit toujours comme un bossu (*bis*).

MARTIAL.

Qu'est-ce que tu dis de cela, André ? Es-tu d'avis de faire visite à Polichinelle ou de nous en aller ?

RICOCO.

Il n'est plus temps... Il vient. Moi, je me sauve.

(*Il sort.*)

SCÈNE II

ANDRE, MARTIAL, POLICHINELLE avec *une badine à la main.*

POLICHINELLE.

AIR de *Polichinelle.*

Pan, pan, qu'est-c' qu'est là ?
C'est Polichinell' mesdames,
Pan, pan, qu'est-c' qu'est là ?
C'est Polichinell' que v'là.
Des étrangers dans ma cour !
Pour moi, seigneurs, quel beau jour !
Vraiment j'en verse des larmes,
Je vous souhaite le bonjour.

ANDRÉ *et* MARTIAL *saluent.*

Seigneur...

POLICHINELLE, *riant.*

Les jolis voyageurs !

MARTIAL.

Nous avons l'honneur de vous connaître, seigneur Polichinelle, nous vous avons souvent applaudi.

POLICHINELLE.

Dans mon pied-à-terre chez Guignol ? C'est là que je me suis enrhumé, et depuis ce temps-là je parle du nez.

ANDRÉ.

Que dites-vous là ? Mais votre voix, grand prince, est un de vos charmes. Mme Polichinelle se porte bien ?

POLICHINELLE.

Elle a bon dos et bon œil, je vous remercie.

MARTIAL.

Y a-t-il des hôtels pour les voyageurs dans votre île ?

POLICHINELLE.

Non ; aussi j'espère que vous me ferez l'honneur de dîner chez moi.

ANDRÉ.

Nous acceptons volontiers, car je vous avouerai que nous mourons de faim.

POLICHINELLE.

J'ai un excellent cuisinier.

ANDRÉ.

Vous êtes connaisseur.

POLICHINELLE.

Je m'en flatte. Vous aimez à boire ?

Air : *Eh lon lan la.*

Je consens à mourir de faim,
Eh lon lan la, mais il me faut du vin.
Je consens à mourir de faim,
Mais à vivre pour boire,
Mais à vivre pour boire,
Lon la
Mais à vivre pour boire.

MARTIAL.

Moi je ne vous dirai qu'un mot :
Eh lon lan la, j'aime mieux un gigot.
Moi je ne vous dirai qu'un mot,
Mais que vous pouvez croire.

POLICHINELLE, *appelant.*

Ricoco ! (*Ricoco paraît.*) Dis que l'on vienne dresser la table ; préviens Mme Polichinelle que nous avons du monde et qu'elle fasse toilette.

(*Il le menace de sa badine. Ricoco sort.*)

ANDRÉ.

Vous avez là une badine bien légère ; peut-être qu'un bâton vous semble trop lourd ; nous en avons chez nous de superbes.

POLICHINELLE.

J'en ai qui sont comme des poteaux.

ANDRÉ.

Permettez-nous de douter qu'ils puissent se comparer aux nôtres.

POLICHINELLE.

Erreur, erreur, vous allez voir.

(*Il va ouvrir le tiroir.*)

ANDRÉ, *bas à Martial.*

Tâchons d'en attraper chacun un.

POLICHINELLE, *apportant deux bâtons.*

Tenez, regardez.

MARTIAL.

Je pourrais à peine les soulever. Voyons un peu. *(Il en prend un.)*

ANDRÉ.

Et celui-là donc. Puis-je l'essayer?
(Il feint de ne pouvoir l'enlever de terre. Polichinelle rit et le lui met en main.)

Ah! je m'y prends mieux. *(Il fait un moulinet.)* Voilà ce qui fait respecter son homme.

(Polichinelle, inquiet, tend la main pour le reprendre. André n'a pas l'air de le voir.)

POLICHINELLE.

Donnez, je vous prie, seigneur...

(Même jeu.)

MARTIAL.

Une fameuse arme en vérité.

(Il l'essaye.)

POLICHINELLE, *inquiet, veut la reprendre.*

Je ne dis pas le contraire, mais veuillez, s'il vous plaît...

ANDRÉ.

Il est solide aussi celui que j'ai, et il ne ferait pas bon s'y frotter.

POLICHINELLE.

Bien, bien, rendez-les moi que je les remette en place, mes jeunes seigneurs.

MARTIAL.

Vous êtes trop poli pour ne pas nous les laisser. Après le repas, nous vous les restituerons. Cela plaît beaucoup à notre âge de faire montre de sa force.

POLICHINELLE.

Je ne dis pas non, mais je désire ravoir mes bâtons. Il n'y a que moi ici qui aie le droit d'en avoir.

ANDRÉ, *frappant le sol avec son bâton.*

Oh! oh! seigneur Polichinelle, vous défieriez-vous de nous, par hasard?

MARTIAL, *l'imitant.*

Ce serait une affaire dont nous serions forcés de vous demander raison.

POLICHINELLE, *tremblant.*

Mais quand je vous dis que la loi ne confère qu'à moi seul...

MARTIAL, *frappant avec le bâton le parquet.*

Nous sommes étrangers, votre loi n'est pas faite pour nous. Montrez-nous plus de confiance, ou sinon...

(*Nouveaux coups de bâton.*)

POLICHINELLE, *à part.*

Ah! les coquins! Ils n'oseront pas me battre, j'espère...

ANDRÉ.

Voici, je crois, Mme Polichinelle.

SCÈNE III

Les Mêmes, MADAME POLICHINELLE.

ANDRÉ.

Madame, nous avons eu l'honneur de vous voir à Paris, ainsi que monsieur votre époux, et nous sommes ravis de pouvoir vous exprimer la sympathie que vous inspirez à tout cœur généreux.

MADAME POLICHINELLE.

Je comprends, seigneurs; vous avez été témoins des mauvais traitements dont j'étais la victime.

MARTIAL.

Ici, êtes-vous plus heureuse?

MADAME POLICHINELLE.

Hélas! non. On ne change pas le caractère d'un mari.

ANDRÉ.

Alors, vous êtes toujours battue?

MADAME POLICHINELLE.

On s'y habitue. Pourtant, je m'habituerais encore mieux à ne plus l'être. Tenez, je veux vous parler franchement : j'aime mon mari; il est quelque fois amusant; d'ailleurs, je suis une honnête femme. Mais je crois que si on lui infligeait une bonne leçon, dans le genre de celles dont il me gratifie à tort et à travers, cela pourrait le faire réfléchir et lui apprendre à avoir la main moins leste. Ce ne serait pas un mal.

MARTIAL.

Ce que nous pouvons vous promettre, madame, c'est qu'il ne vous battra pas impunément devant nous. Don Quichotte s'escrimait contre des moulins à vent; nous nous escrimerons volontiers contre les bosses de votre tendre époux, si sa conduite nous y oblige.

MADAME POLICHINELLE.

Vous avez de nobles cœurs, seigneurs.

ANDRÉ.

Qu'est-ce qui le met en colère?

MADAME POLICHINELLE.

Tout et rien; on ne sait pas. Il veut que je l'admire sans

cesse, que je le cajole, le flatte, que j'approuve même ses vices... et Dieu sait s'il en a!... Mais je l'entends; pour le bien disposer, je vais vous parler de lui en bons termes, sûre que je suis qu'il écoute à la porte selon son habitude.

ANDRÉ.

Un vilain défaut, madame.

MADAME POLICHINELLE, *à mi-voix.*

Sachez bien pourtant que je ne pense pas un mot de ce que je vais dire.

(*Polichinelle paraît au fond, il écoute.*

AIR : *Suzon dormant.*

Avec lui je suis trop heureuse,
Dans son ménage il est parfait ;
Il a l'humeur la plus charmeuse,
Il est gentil, il est bien fait.
Il fait le bonheur de ma vie,
Je l'aimerai jusqu'au tombeau.
Ah! qu'il est beau! ah! qu'il est beau!
Les femmes me portent envie.
Ah! qu'il est beau! ah! qu'il est beau!
Mon charmant Pulcinello.

SCÈNE IV

MARTIAL, ANDRÉ, MONSIEUR *et* MADAME POLICHINELLE, RICOCO, *une serviette sous le bras.*

POLICHINELLE, *à sa femme.*

Chère Poulette! Chatte adorée! (*Il lui donne de petits coups de sa badine.*) Seigneurs, voici le dîner. (*On apporte une table avec de petits verres pour les autres et un grand pour Polichinelle. Pareillement pour les bouteilles.*) A table! Vous avez faim, tant mieux; je vous offre tout ce qu'il y a de mieux dans mon palais. (*A André.*) Seigneur, prendrez-vous un peu de ces cailloux bouillis?

ANDRÉ.

Des cailloux! Non, merci, je préfère autre chose.

POLICHINELLE.

Alors de ces jolis copeaux de cèdre fricassés?

ANDRÉ.

Pas davantage; la moitié de l'aile de poularde que je vois dans votre assiette fera mieux mon affaire.

POLICHINELLE.

Pardon, seigneur, je suis au régime, il m'est ordonné de la manger tout entière. (A sa femme.) Ma mie, offrez donc de ces délicieuses coques de noix braisées à nos convives.

MARTIAL.

Vous moquez-vous de nous, seigneur Polichinelle?

POLICHINELLE.

Dieu m'en garde! ce sont les mets du pays les plus recherchés; — n'est-il pas vrai, ma petite colombe?

MARTIAL *enlève l'assiette de Polichinelle avec l'aile de poulet.*

Évidemment, vous n'avez pas d'appétit, seigneur Polichinelle, puisque vous n'avez pas encore touché à cette aile.

(Il se met à la manger.)

POLICHINELLE, *furieux.*

Si fait. Ricoco, va me chercher l'autre.

ANDRÉ.

Quant à moi, je me contenterai de la cuisse tout entière, s'il vous plaît.

(Ricoco sort.)

POLICHINELLE.

Désolé, seigneur; mais, ici, nos poules n'en ont pas.

ANDRÉ.

En vérité?

(Ricoco apporte une aile. André lui prend l'assiette.)

Je suis d'autant plus curieux de goûter de ces poules-là.

(Il la mange.)

POLICHINELLE, frappant Ricoco.

Imbécile! tu ne peux pas faire attention.

MARTIAL, à madame Polichinelle.

Vous ne mangez pas, madame?

POLICHINELLE.

Cela lui est défendu. Elle tient à entretenir cette jolie maigreur qui me la rend si chère. Ricoco, verse le vin.

ANDRÉ.

Nos verres sont trop petits, on peut à peine s'y mouiller les lèvres. Si vous nous passiez votre bouteille, seigneur?

POLICHINELLE.

Elle ne contient qu'un remède qui vous donnerait la colique.

(Il s'en verse une rasade et la boit, puis une seconde.)

AIR : *La mère Richard.*

Allons, buvons, mes amis,
Que ce bon vin
Vous mette en train.
Allons, buvons, mes amis,
Nous serons gris,
C'est bien permis.

Oui.

MARTIAL.

Seigneur, nous voulons
De votre bouteille,
Puisque nous avons
De l'eau dans ces flacons.

POLICHINELLE, *serrant sa bouteille contre lui.*

Non.

ENSEMBLE.

Allons, buvons, mes amis
 Que ce bon vin
 Vous }
 Nous } mette en train.
Allons, buvons, mes amis,
 { Vous serez gris
 { Il sera gris
 Et c'est permis.

(*Polichinelle boit à même la bouteille jusqu'à ce qu'elle soit vide.*)

POLICHINELLE.

Tenez, voilà la bouteille, servez-vous-en à présent tout à votre aise.

MADAME POLICHINELLE.

Elle est vide.

POLICHINELLE.

Tais-toi, bavarde. De quoi te mêles-tu? (*Il donne à sa femme un coup qu'André et Martial lui rendent. — Polichinelle se lève et les autres aussi.*) C'est pour la caresser. (*Il la frappe. — Même jeu.*) C'est pour rire, vous dis-je. (*Il vacille sur ses jambes.*)

ANDRÉ.

Nous aussi nous plaisantons. Votre gaieté est contagieuse.

MADAME POLICHINELLE, *à son mari.*

Brutal! méchant bossu!

POLICHINELLE.

Te tairas-tu, à la fin! (*Il la frappe. Les autres le frappent plus dur.*) A moi! Ricoco! Ricoco! Qu'est-ce que c'est que des garnements pareils?

MADAME POLICHINELLE.

Il a trop bu, il ne peut plus se tenir.

POLICHINELLE.

Plus me tenir! tu vas voir.

(Il lui arrache son bonnet, la bat. — Bataille.)

RICOCO *frappe à coups de serviette sur Polichinelle.*

C'est pour lui apprendre.

MADAME POLICHINELLE.

Au secours! au secours! Délivrez-moi de ce monstre.

SCÈNE V

Les Mêmes, le Commissaire.

LE COMMISSAIRE.

Encore une rixe. Quel tapage! Me voici. Attends, coquin. *(Il frappe Polichinelle à tour de bras. Polichinelle tombe à terre.)* Ah! ah! brigand, la force et le droit sont d'accord ici.

MADAME POLICHINELLE.

Voyez l'état dans lequel il m'a mise. Sans ces seigneurs, c'en était fait de moi. Un bâton, s'il vous plaît, pour que de ma main j'aie enfin la joie de me venger à mon tour.

LE COMMISSAIRE.

Non, restez jusqu'au bout sans reproches, ô noble victime!

ANDRÉ.

Mais il ne remue plus.

LE COMMISSAIRE.

Serait-il mort?

MARTIAL, *se penchant sur Polichinelle.*

Il est mort! Ma foi, oui, tout à fait mort.

MADAME POLICHINELLE.

Que dites-vous ? je serais veuve ?

LE COMMISSAIRE.

Vous l'êtes, gracieuse dame.

MADAME POLICHINELLE.

Ah! mon Dieu! quel événement!

(*Elle tombe assise, pleurant et gigotant.*)

ANDRÉ, LE COMMISSAIRE, MARTIAL, RICOCO

Air de *Malbrough*.

Polichinel' est mort,
Mironton, mironton, mirontaine,
Polichinel' est mort,
Le voilà trépassé,
Nous l'avons terrassé.
Monsieur le ⎫
Et moi le ⎬ commissaire,
Mironton, mironton, mirontaine,
Monsieur le ⎫
Et moi le ⎬ commissaire,
Vous allez ⎫
Je m'en vas ⎬ l'enterrer. (*bis*)
C'est une triste affaire,
Mironton, mironton mirontaine,
C'est une triste affaire,
Guignol va trop pleurer.

LE COMMISSAIRE.

Moi, de ce coup-là, me voilà bien débarrassé. Il me donnait plus de mal à lui seul que tout le reste de mes administrés. C'était un drôle incorrigible.

RICOCO.

Un ivrogne.

ANDRÉ.

Un menteur.

UN RÊVE, OU L'ILE DE POLICHINELLE.

QUE LA TERRE LUI SOIT LÉGÈRE.

MARTIAL.

Un insatiable goinfre, et avec cela, méchant comme un diable.

MADAME POLICHINELLE, *se levant.*

Que la terre lui soit légère !

TOUS

Il est mort ! mort ! mort !

POLICHINELLE, *se soulevant, puis se levan*.

AIR : *A la Monaco.*

Non, je n'suis pas mort,
Vive Polichinelle !
Non, je n'suis pas mort,
Le bossu vit encor.
Car à Paris,
Mes p'tits chéris,
D'un tas d'marmots n'ai-j' pas la clientèle ?
Je donn' des coups
Et les fais tous
Rire aux éclats pour la somme de deux sous.
{ Non, je n'suis pas mort,
{ Tiens, il n'est pas mort,
Vive { Polichinelle !
Le vieux {
{ Non, je n'suis pas mort,
{ Tiens, il n'est pas mort,
Le bossu vit encor.

MADAME POLICHINELLE.

Oh ! mon cher époux !

LE COMMISSAIRE.

Au moins que cela vous serve de leçon !

POLICHINELLE.

Soyez tranquille, j'aurai maintenant du cœur plein ma bosse. Cette petite râclée m'a fait sortir la méchanceté, elle n'y rentrera plus.

ANDRÉ et MARTIAL.

Vive Polichinelle! Polichinelle converti! Quel miracle!

POLICHINELLE.

Alors, mes enfants, à Guignol! Et dorénavant, si je donne des coups de bâton, j'aurai soin qu'ils frappent à côté, sur le bois de la baraque. Ça fera toujours autant de bruit, mais ça ne fera pleurer personne. Puissent tous les Polichinelles qui se gaudissent ici-bas du mal d'autrui recevoir comme moi leur volée; tout le monde y gagnerait et moi aussi!

TOUS.

Bravo! bravo! bien parlé, brave Polichinelle!

(On emporte Polichinelle en triomphe.)

LES VENDANGES

PERSONNAGES :

**JOSEPH. — LUCIEN. — DEUX VENDANGEURS.
SUZON. — LISA. — GERVAISE. — MARGOT. — UNE TROUPE
DE COUPEUSES DE RAISINS.
UN VIOLONEUX. — UN TAMBOUR.**

Tous en habits de fête ; rubans au chapeau des garçons ; une fleur dans les cheveux des filles, et bouquets aux boutonnières et au corsage.
Le théâtre représente une vaste salle ou une halle.

SCÈNE PREMIÈRE

SUZON, LISA, *entrant ; puis* GERVAISE.

LISA.

Le tambour a partout battu pour annoncer les vendanges.

SUZON.

Nous sommes les premières arrivées, les autres coupeuses ne vont pas tarder.

LISA.

Ni les coupeurs ; tous ceux qui ont reçu l'avertissement sont sûrs d'être engagés et vont venir.

GERVAISE, *entrant.*

Ah! que j'ai été contente d'entendre le tambour!

LISA.

Tu as reçu ton avertissement?

GERVAISE.

Sans cela je ne serais pas ici ; il n'y a que les mauvais garçons et les méchantes filles qui n'en ont pas.

SUZON.

C'est bien humiliant pour eux.

LISA.

La petite à la mère Nanon, Manette, n'en a pas.

GERVAISE.

Elle a volé des fruits, ce n'est pas étonnant.

SUZON.

Non, ce n'était pas elle, c'était le petit Aubry ; il l'a avoué à ses parents qui l'ont fait partir ; car, sans cela, on dit qu'il eût été pris par les gendarmes.

GERVAISE.

Les maîtres vendangeurs ne savaient donc pas que la petite Manette est innocente.

SUZON.

Le père Aubry lui a pourtant rendu justice, et c'est bien honnête à lui.

LISA.

Pauvre Manette! Dimanche, je l'embrasserai devant tout le monde.

SUZON.

Par exemple, il y en a un qu'on a bien fait de ne pas engager, c'est Benoît. Vous savez ce qu'il a fait?

LISA.

Oui, il a coupé la corde du chien de l'aveugle ; l'aveugle s'est mis à crier. C'est mon frère Joseph qui a couru après le chien et l'a ramené ; mais voilà que l'aveugle a cru que c'était lui, le méchant garçon, qui avait coupé la corde, et il donnait des coups de bâton de tous les côtés ; mon frère ne pouvait l'approcher. Il avait beau lui crier : — « C'est votre chien! » L'autre, en colère, n'écoutait point. Enfin il a fini par comprendre, il a remercié Joseph, l'a prié de renouer la corde et de rattacher le chien.

SUZON.

C'est très bien à ton frère ce qu'il a fait là, et, s'il le veut, je le prendrai pour la danse ce soir.

LISA.

Il ne demandera pas mieux. Il t'aime bien.

GERVAISE.

Est-ce amusant les vendanges! On travaille tout le jour, et ferme, mais le soir, quel plaisir!

SUZON.

As-tu un joli panier?

GERVAISE.

Tout neuf et de bel osier.

LISA.

Et le mien aussi, avec un couteau tout frais aiguisé.

SUZON.

Nous allons savoir qui est-ce qui coupera la première grappe.

LISA.

Comme de coutume, ce sera celle qui chantera la plus jolie ronde. Tu en as une, je te le parie.

SUZON.

Et toi aussi, j'en suis sûre, ainsi que Gervaise.

GERVAISE.

Je ne dis rien, pas plus que vous, puisque vous en faites mystère.

LISA.

Tu sais bien qu'on n'avoue pas la chose d'avance.

SUZON.

Il faut que la ronde soit inconnue dans le pays.

LISA.

C'est tous les ans comme ça.

SUZON.

Les vendangeurs, eux, n'ont rien à apprendre, ils chantent pour l'engagement, mais leur chant est toujours le même depuis plus de deux cents ans.

GERVAISE.

Sur l'air *Alleluia*. Ils devraient en changer, puisqu'ils forcent les jeunes filles à chanter des rondes qu'on n'a jamais entendues. Qu'ils fassent comme elles.

SUZON.

Nous sommes donc bien en avance que personne n'arrive?

LISA.

Nous sommes les plus voisines de la halle... Allez, ils ne manquent pas de venir, tous les avertis. Croyez-vous que Margot ait une ronde?

SUZON.

Sans doute; mais elle est si envieuse et si mauvaise que je ne désire pas que ce soit elle qui soit proclamée la reine et qui coupe la première grappe.

GERVAISE.

Plus il y aura de chanteuses, plus ça sera difficile. C'est pourtant un grand honneur de couper la première grappe. On reçoit une épingle d'or, tout le monde boit à votre santé.

SUZON.

Et monsieur le maire vous embrasse.

LISA.

Ça, par exemple, ça m'est égal. D'ailleurs, il n'y a pas besoin d'être la reine pour s'amuser.

GERVAISE.

Mais l'épingle d'or attache plus tard la fleur d'oranger quand on se marie.

SUZON.

Nous ne sommes pas prêtes de nous marier, nous sommes trop jeunes. Voulez-vous convenir d'une chose?

GERVAISE et LISA.

Laquelle?

SUZON.

Voulez-vous nous jurer que, si l'une de nous trois est reine, les deux autres ne seront point jalouses d'elle?

GERVAISE et LISA.

Oui, jurons.

(*Elles étendent la main toutes les trois.*)

SCÈNE II

Les Mêmes, JOSEPH, LUCIEN.

JOSEPH.

Bonjour. Ah! vous n'êtes pas en retard. Sœur, tu ne m'as pas même attendu.

LISA.

Tu n'en finissais pas.

JOSEPH.

Il fallait bien que ma mère eût mis les rubans à mon chapeau. Suzon, tu vas concourir pour la ronde, n'est-ce pas?

SUZON.

Tu le verras bien; nous danserons ensemble, si ça te fait plaisir, pour ta peine de t'être si honnêtement conduit avec l'aveugle.

JOSEPH.

Ah! tu sais ça? Cela me fera grand plaisir, bien sûr, d'être ton danseur.

LUCIEN.

Et moi je serai celui de Lisa.

GERVAISE.

J'espère en trouver un aussi.

JOSEPH.

Ah! bien sûr, car tu es une brave fille.

GERVAISE.

Je ne suis point inquiète, allez.

SCÈNE III

Les Mêmes, MARGOT, Filles et Garçons.

MARGOT.

Ah! vous êtes déjà là. Eh bien! vous êtes des filles joliment pressées; si vous croyez que ça vous avance!

JOSEPH.

Toi, Margot, tu as dû perdre ton temps à te mirer.

MARGOT.

Apparemment que je trouve que je suis bonne à voir, mais j'en connais d'autres que moi qui sont de mon avis.

JOSEPH.

Est-ce que tu vas chanter?

MARGOT.

Ça ne te regarde pas; je chanterais peut-être si j'avais confiance dans la justice des maîtres vendangeurs.

LISA.

Ils sont très honnêtes et l'ont toujours été; les coupeurs et coupeuses que voilà le savent bien.

JOSEPH.

Oui, et ce n'est pas seulement par eux-mêmes qu'ils jugent, ils voient aussi si les autres qui sont là applaudissent.

MARGOT.

Je te dis qu'ils ont toujours une préférée; ils sont tes voisins, et tu crois qu'ils vont choisir ta sœur.

SUZON.

Quelle mauvaise langue tu as!

LISA.

Laisse-la donc dire, elle ne chante pas, parce qu'elle a la voix fausse, voilà tout.

MARGOT *la menace*.

Ne me dis pas de mauvais mots, si tu ne veux pas que je te défrise.

JOSEPH, *lui rabattant le bras*.

Halte-là... Je n'ai jamais battu une fille, mais si tu touchais à ma sœur... dame, je ne répondrais de rien.

GERVAISE.

Elle ne me touchera pas, Joseph, calme-toi... Écoutez... C'est le violoneux... Les maîtres arrivent.

LUCIEN.

Il faut nous ranger.

(*Tous se mettent du côté gauche en rang, vis-à-vis la porte d'entrée.*)

SCÈNE IV

Les Mêmes.

(*Le violoneux précède les maîtres vendangeurs qui se placent vis-à-vis des coupeurs, laissant un espace au milieu du théâtre. Le violoneux va se mettre au fond, au milieu.*)

AIR : *Alleluia*.

Coupeurs, voulez-vous vendanger?
Nous venons pour vous engager
Et pour boire après avec vous
   Du bon vin doux.

LES COUPEURS.

Nous déclarons nous engager
A nous en aller vendanger.
Après, nous boirons avec vous
   Du bon vin doux.

(*Tous étendent la main.*)

LES VENDANGES.

ALLONS, CHANTEUSES, TIREZ!

PREMIER VENDANGEUR.

C'est dit et marché conclu. Maintenant, nous avons à choisir la reine. Que celles qui veulent concourir se présentent. *(Gervaise, Lisa et Suzon viennent au milieu du théâtre.)* Vous allez tirer à la courte paille qui est-ce qui chantera la première, puis la deuxième, puis la troisième. Celle qui tirera la plus courte commencera. Apportez la gerbe. *(On apporte une petite gerbe dont il prend quelques brins.)* Qu'on amène la plus jeune d'entre vous. *(Une jeune fille s'avance.)* Mettez-lui un tablier sur la tête. Tiens, voici les brins de paille, arrange-les.

(Quand elle les a pris, on la couvre du tablier; puis elle le soulève d'un côté et tend la main en dehors, avec les trois brins de paille.)

DEUXIÈME VENDANGEUR.

Allons, les chanteuses, tirez.

GERVAISE.

A toi, Lisa.

LISA

Je suis toute saisie. Commence, ou bien Suzon.

SUZON.

Puisque vous le voulez... *(Elle tire un brin très long. — On rit.)* Je vois bien que je suis la dernière.

GERVAISE.

Allons! *(Elle tire.)* Ni longue ni courte.

LISA.

Il faut bien m'y décider. *(Elle tire la plus petite.)*

TOUS.

C'est à Lisa.

PREMIER VENDANGEUR.

Ne tremble pas, petite, vous chanterez toutes les trois devant des amis.

(*Le violon fait une ritournelle. Tous les coupeurs et coupeuses se prennent par la main et se balancent en mesure en répétant un refrain des rondes.*)

AIR : *Il était un moine qui moinait.*

Il était un' fill' qui pleurait,
  Qui pleurait, qui pleurait.
On lui d'manda ce qu'ell' voulait,
  Ce qu'elle désirait.
— On dit que la vendang' s'apprête,
Et j'espérais qu'on m'y prierait.
— Ma bell' nous venons tertous
Pour t'emmener à la fête,
Ma bell' nous venons tertous
Pour t'emmener avec nous.

Il était un' fill' qui pleurait,
  Qui pleurait, qui pleurait.
On lui d'manda ce qu'ell' voulait,
  Ce qu'elle désirait.
— Voici la danse qui commence
Et j'espérais qu'on m'engag'rait.
— Ma bell' nous venons tertous
Pour t'engager à la danse,
Ma bell' nous venons tertous
Pour que tu danses avec nous.

Il était un' fill' qui pleurait,
  Qui pleurait, qui pleurait.
On lui d'manda ce qu'ell' voulait,
  Ce qu'elle désirait.
— On boira du vin à la tonne,
J'espérais qu'on m'en offrirait.
— Eh bien, nous venons tertous
Pour t'en offrir, ma mignonne,
Eh bien nous venons tertous
Pour que tu boives avec nous.

                    (*Applaudissements.*)

DEUXIÈME VENDANGEUR.

A la seconde paille.

GERVAISE *s'avance.*

(*Même jeu que pendant la première ronde.*)

AIR : *Gens de Linière.*

Eh bon! bon! l'été s'avance,
  Il a chassé l'hiver;
Eh bon! bon! vive la danse,
  Le dimanche en plein air!
    On a coupé les prés,
    Et les meules sont faites;
    Tous les blés sont rentrés,
    Nous ferons des galettes.

Eh bon! Eh bon! l'automne avance,
  Il a chassé l'été.
Eh bon! Eh bon! vive la danse,
  Et vive la gaieté!
    Le jour, le chaud soleil,
    La nuit, les yeux des anges
    Font le raisin vermeil;
    Nous faisons les vendanges.

Eh bon! Eh bon! c'est l'abondance,
  Pour prix de nos travaux,
Eh bon! Eh bon! vive la danse!
  Emplissons nos tonneaux.
    Eh bon! adieu, faucilles,
    L'hiver paraît déjà!
    Eh bon! garçons et filles,
    Le printemps reviendra.

(*Applaudissements.*)

MARGOT.

Ils les applaudissent toutes. Voyons la troisième. C'est à Suzon. Tu ne dois pas être contente des succès de Lisa et de Gervaise.

PREMIER VENDANGEUR.

Il est défendu de parler aux chanteuses, et, si tu dis un mot, tu sortiras d'ici.

MARGOT.

Ah ! je sais bien que vous n'êtes pas pour moi, parce que je n'ai pas voulu chanter.

PREMIER VENDANGEUR.

Silence ! Commence, Suzon, et ne te laisse pas démonter par ces méchants propos.

SUZON.

Merci, maître vendangeur.

AIR *connu*.
Le vin est nécessaire,
Dieu ne le défend pas;
Il eût fait la vendange amère
S'il eût voulu qu'on n'en bût pas.

Qui planta la première vigne ?
Ce fut le saint homme Noé !
Son nom pour ce bienfait insigne
A jamais doit être loué.
Le vin est nécessaire, etc.

David l'a dit, ce grand prophète,
Le vin est donné du Seigneur
Aux hommes pour les mettre en fête
Et pour leur réjouir le cœur.
Le vin est nécessaire, etc.

Les vendanges sont au village
Jours d'espérance et de gaîté;
Y travailler de bon courage,
C'est faire œuvre de charité.
Le vin est nécessaire, etc.

(*Applaudissements.*)

PREMIER VENDANGEUR.

Voilà les trois rondes chantées, ce sont trois jolies rondes. Qu'en dites-vous ?

TOUS.

Oui, oui, bravo !

(*Applaudissements.*)

TOUS.

Le jugement ! le jugement !

LES VENDANGEURS.

Nous allons délibérer.

(*Les chanteuses se tiennent par la main au milieu du théâtre; les coupeurs et coupeuses se placent en rond; les vendangeurs devant. Ils se parlent bas, puis frappent trois coups; le violoneux joue une ritournelle.*)

PREMIER VENDANGEUR.

Coupeurs et coupeuses, vous voyez les maîtres vendangeurs dans un grand embarras. Nous allons donc mettre aux voix une proposition contraire à la coutume, mais que nous croyons juste.

MARGOT.

Qu'il n'y ait point de reine.

LE VENDANGEUR.

Au contraire, c'est qu'il y en ait trois au lieu d'une.

MARGOT.

Une triple injustice.

TOUS.

Fi ! la jalouse ! Oui, oui, oui. Trois reines ! C'est très bien trouvé, au contraire...

LE VENDANGEUR.

Alors, mes trois braves chanteuses, vous êtes proclamées comme égales; vous aurez chacune votre épingle et vous couperez les trois premières grappes en même temps.

TOUS.

Vivent les trois reines !

LE VENDANGEUR.

Et vivent les vendanges !

TOUS.

Vivent les vendanges !

(Ils s'en vont en dansant sur l'air des refrains.)

MARGOT, restée seule.

Si j'avais voulu chanter, moi, il n'y en aurait qu'une, de reine, mais une vraie.

UNE FIÈRE PANIQUE

PERSONNAGES :

GEORGES, lieutenant de vaisseau. — **GABRIELLE**.
ERMANCE, amie de Gabrielle. — **JEAN**, garde.

Salon. — Grande porte au fond, portes à droite et à gauche. Canapé, sièges, table et cheminée couverte de bibelots.

SCÈNE PREMIÈRE

GEORGES, *entrant par la porte du fond.*

Personne! pas un domestique. Je suis entré ici comme chez moi; on m'a dit au village que mon oncle était absent, mais que je trouverais sa fille, ma cousine Gabrielle... Nous allons, bien sûr, ne nous reconnaître ni l'un ni l'autre; voilà dix ans que nous ne nous sommes vus; elle était haute comme ça... Je me la rappelle comme d'une petite fille maigre, pâlotte, criarde et poltronne... Et mon oncle m'écrit qu'il me la garde pour femme... Mes souvenirs ne sont pas très engageants... Mais je suis un peu las de la mer, et je serais content aussi de faire plaisir à mon oncle; je suis donc venu. Je vais voir Gabrielle; si elle ne me plaît pas, je repars; si elle est bien, je l'épouse, et nous serons tous heureux. Je voudrais, puisque par bonheur mon oncle est absent, que cette épreuve puisse se faire sans que ma cousine sache qui je suis. Je vais me faire passer pour un étranger qui veut visiter le pays. Mon oncle lui-même ignorera ma venue, et si je trouve sa fille peu à mon gré, je lui annoncerai par lettre que je suis forcé de regagner mon vaisseau. Son amour paternel et l'amour-propre de Gabrielle seront sauvés, et je serai sauf, moi aussi; car, avant tout, je veux pouvoir aimer ma femme... J'entends qu'on parle; ce doit être elle... Ah! diable! deux voix... Elle n'est pas seule...

(*Il se met au fond du théâtre.*)

SCÈNE II

GABRIELLE, ERMANCE, *son amie*, GEORGES.

ERMANCE.
Oui, ma chère, le voleur est jeune, a dit la femme de chambre de Mme Durand qui l'a vu sortir de la maison.

GABRIELLE.
Les portes étaient donc mal fermées?

ERMANCE.
Non, il serait entré par la fenêtre. Il a forcé le secrétaire, pris l'argent, puis les bijoux et toute l'argenterie.

GABRIELLE.
Comment la femme de chambre n'a-t-elle pas crié?

ERMANCE.

Elle était au bas de l'escalier quand elle l'a vu; il l'a menacée de la tuer en levant un couteau sur elle. Tu comprends qu'elle n'ait pas soufflé.

GABRIELLE.

Avait-il un air bien effrayant?

ERMANCE.

Non; il paraît qu'il n'était pas autrement laid et, ce qui est terrible à penser, qu'il avait même bonne tournure.

GABRIELLE.

C'est la première fois qu'on vole dans ce pays-ci.

ERMANCE.

On assure que ce jeune homme est le chef d'une bande qui vient exploiter les environs.

GABRIELLE.

Heureusement papa arrive aujourd'hui; seules toutes les deux dans ce grand château, je mourrais de peur cette nuit.

ERMANCE.

Et moi aussi. Je confesse même que je ne serais pas rassurée pendant le jour. Songe donc que tous les gens, même les femmes, sont dans les prés à relever les foins, parce qu'on craint la pluie. Le voleur entrerait, que ferions-nous?

GEORGES, *s'avançant.*

Je vous défendrais, mesdemoiselles. (*Elles jettent un cri.*) Mais je commence mal. Je vous ai effrayées, alors que mon intention était au contraire de vous rassurer.

GABRIELLE.

D'où venez-vous, monsieur? Qui êtes-vous? Comment vous trouvez-vous ici? Que voulez-vous?

GEORGES.

Voilà bien des questions à la fois, mademoiselle. Je puis cependant y répondre d'une façon qui, j'espère, vous satisfera. Je suis tout simplement un voyageur. En passant, j'ai vu ce château, il m'a paru mériter d'être vu; j'y suis entré pour le visiter, sans trouver personne à qui m'adresser. Et maintenant, me sentant fatigué, car je viens de loin, je prends la liberté de vous demander l'hospitalité.

GABRIELLE.

Je ne puis vous l'accorder, monsieur.

ERMANCE.

A quel titre, d'ailleurs?

GEORGES.

Au nom de la charité. *(A part.)* Elles sont toutes les deux très jolies.

GABRIELLE.

Impossible; mon père est absent...

ERMANCE, *bas à Gabrielle.*

Pourquoi le dis-tu? Si cet homme était le voleur...

GABRIELLE, *de même.*

Grand Dieu!

ERMANCE.

Il était caché quand nous sommes entrées.

GEORGES, *bas.*

Elles ont peur de moi, les chères petites!

(Il tousse fortement.)

GABRIELLE.

Vous m'avez entendue, monsieur ?

GEORGES.

Quoique seules, mesdames, ne me refusez pas, je vous en supplie. Ayez pitié d'un voyageur, mort littéralement de fatigue... et de faim.

ERMANCE.

Notre père est absent, il est vrai, mais nous ne sommes pas seules, monsieur ; nous avons ici trois frères, deux cousins et beaucoup de domestiques.

GEORGES, *riant*.

Des frères et des cousins comme dans Barbe-Bleue. J'y crois peu. Et quant aux nombreux domestiques, ils sont tous dans les prés, vous venez de le dire.

GABRIELLE.

Raison de plus, monsieur, pour que vous ne puissiez rester ici ; il y a dans le village une hôtellerie.

GEORGES.

C'est que le village est loin... Et puis son auberge ne me dit rien de bon.

GABRIELLE.

Vous y serez très bien. Pour moi, je ne saurais sous aucun prétexte recevoir un inconnu dont l'insistance est faite pour inquiéter. Veuillez nous laisser, monsieur, je vous le répète.

GEORGES, *à part*.

Est-ce assez comique ?

ERMANCE.

Vous avez entendu ?...

GABRIELLE.

Oui, retirez-vous à l'instant, ou j'appelle.

(Georges rit et s'approche. Les femmes se reculent vivement.)

GEORGES.

La plaisanterie a duré assez longtemps, mesdames... Il faut en finir.

GABRIELLE *jette un cri.*

Ah! voilà le garde! (Elle appelle de toutes ses forces.) Jean ! Jean! Venez, venez vite, accourez!...

SCÈNE III

Les Mêmes, JEAN *entre par la porte du fond.*

GABRIELLE.

Ce inconnu s'est introduit dans le château.

JEAN.

Ah! ah!

GABRIELLE.

Je lui ai dit de s'en aller. Il s'y est refusé.

GEORGES, *à part, riant.*

Cela devient de plus en plus drôle... Taisons-nous encore.

JEAN.

Ah! ah! il a refusé. Nous allons bien voir. (A Georges.) Allons, marchez...

GEORGES.

En vérité ? Et si je veux rester ?

JEAN, *d'un air crâne.*

On ne reste pas chez les gens malgré eux.

GEORGES.

Et vous prétendez me mettre à la porte ?

JEAN.

Comme vous dites.
(Il le prend au collet.)

GEORGES *lui prend le bras et lui fait faire une pirouette.*
Pas de ça, s'il vous plaît.

JEAN, *se secouant le bras.*

Ah! brigand! Il a la poigne solide, mais c'est égal...
(Il va pour le ressaisir.)

GEORGES.

Tenez-vous en repos, encore une fois, maître Jean. J'en ai mâté de plus solides que vous. Rassurez-vous, mesdemoiselles : il n'y aura pas de bataille. Ma chère cousine, vous êtes toute pâle.

ERMANCE.

Sa cousine! Que veut-il dire?

GEORGES.

Oui, ma cousine, ma cousine, qui ne reconnaît pas son cousin Georges, Georges le marin. Ma foi, ce n'est pas étonnant; je ne vous reconnaissais pas non plus, et si vous n'aviez pas dit : — Mon père est absent, — je n'aurais pas su laquelle de vous deux...

GABRIELLE.

Vous seriez mon cousin Georges?

GEORGES.

Lui-même.

JEAN.

Je ne suis pas bien sûr de ça, moi.

GEORGES.

Vous, mon bonhomme, vous n'avez pas la parole. Ma jolie cousine, pardonnez-moi de vous avoir effrayée, ainsi que votre amie; j'ai voulu savoir si nous étions bien changés tous les deux ; puis, j'avoue que votre méprise m'amusait. Donnez-moi donc la main, je vous prie.

GABRIELLE, *sans la lui donner.*

Mon père ne vous attendait pas.

GEORGES.

Le jour de mon arrivée n'était pas fixé. — Eh bien, Jean, vous le voyez, on n'a plus besoin de vous; sans rancune, mon brave, j'ai serré un peu fort, c'est vrai, mais j'en suis fâché.

JEAN.

Oui, que vous avec serré dur. Après tout, dès que vous êtes le neveu, ça se comprend. Ce monsieur étant votre parent, mesdemoiselles, je vais porter aux faneurs le cidre que je venais chercher. Ils seront bien aises de le voir arriver.

GABRIELLE.

Non, attends...

GEORGES.

Est-ce que je vous fais encore peur, cousine?

GABRIELLE, *timidement.*

Non, mais...

ERMANCE.

Nous sommes à peine remises...

JEAN.

Dame, c'est que les faucheurs ont soif... Il fait si chaud,

(Il sort.)

GABRIELLE.

Jean...

GEORGES.

Il est parti. Il a raison, il fait chaud, j'en sais quelque chose; j'ai quitté la voiture à un quart de lieue d'ici.

GABRIELLE, *criant par la fenêtre.*

Jean, envoie-nous le valet de chambre, tout de suite, tout de suite.

ERMANCE.

Et le cocher.

GEORGES, *riant.*

Pourquoi pas les gendarmes ?

SCÈNE IV

GEORGES, GABRIELLE, ERMANCE.

GEORGES.

Je crains d'avoir fait mal à ce pauvre Jean. Je suis un peu vif, et quand je l'ai vu avancer la main pour me prendre au collet... Mais ne croyez pas pour cela que je sois méchant, cousine.

GABRIELLE.

Quand avez-vous quitté votre vaisseau, mon... monsieur ?

GEORGES.

Il y a une huitaine de jours. Avant tout, j'avais à me procurer de l'argent dont j'étais très à court. De gré ou de force j'en ai trouvé. (*Il rit.*) J'ai découvert depuis que j'étais plus riche que je ne croyais, grâce aux prises... Pour le moment, cousine, je vous demanderai la permission d'aller ôter la poussière du voyage et de chercher à me rafraîchir ; un marin est mauvais marcheur, c'est connu.

GABRIELLE.

Je vais moi-même...

GEORGES.

Non, non, je ne veux pas que vous vous dérangiez... Je

vais chercher ce qu'il me faut et je le prendrai sans façon. Restez, je vous en prie, avec votre amie.

(Il sort.)

SCÈNE V

GABRIELLE, ERMANCE.

ERMANCE.

Tu es sûre que c'est ton cousin?

GABRIELLE.

Pas le moins du monde. Je ne me rappelle nullement l'avoir jamais vu.

ERMANCE.

Mais alors, qu'est-ce qui prouve que ce n'est pas le voleur de chez M. Durand? Et comment as-tu laissé Jean s'éloigner?

GABRIELLE.

J'ai eu tort, d'autant plus que je ne suis pas du tout rassurée.

ERMANCE.

Ni moi; je lui trouve un ton si singulier... Il a parlé d'argent et de prises... As-tu remarqué comme il a insisté pour que Jean s'éloignât. Puis, est-ce qu'un jeune homme ayant de bonnes intentions aurait bousculé ainsi ce brave garçon?... Et quand tu as voulu sortir, comme il s'y est opposé... Il aurait eu peur que tu n'appelasses au secours qu'il ne s'y serait pas pris autrement. Peut-être qu'en ce moment il est à dévaliser le château... Si nous montions en haut nous enfermer?

GABRIELLE.

Non, feignons plutôt de ne pas nous défier de lui; il

n'osera rien emporter pendant le jour, de crainte d'être vu. Nos gens vont rentrer, et mon père arrivera avant la nuit. D'ailleurs, si par hasard ce voleur était vraiment Georges, mon père m'en voudrait de l'avoir renvoyé.

ERMANCE.

Cependant, si c'était ton cousin, pourquoi se serait-il caché? Est-ce naturel de ne pas se nommer tout de suite; de ne pas embrasser sa cousine; de ne parler ni de ton père, ni du sien, ni du passé.

GABRIELLE.

C'est vrai! c'est vrai! Ah! j'ai une peur!...

ERMANCE.

Si nous prenions des armes pour nous défendre?

GABRIELLE.

Tu as raison. Je prends le pistolet; il est à deux coups, et tout chargé; et si nous sommes menacées...

ERMANCE.

Et moi je prends ce poignard.

(Elle le passe dans sa ceinture.)

GABRIELLE.

Pour qu'il ne soupçonne rien, je mets le pistolet sous le coussin du canapé; à la moindre alarme, je le saisirai et je tirerai.

ERMANCE.

Tu oseras?

GABRIELLE.

Certainement.

ERMANCE.

Seules ici, mon Dieu! seules avec cet affreux homme!

GABRIELLE.

Il n'est pas si affreux; je lui trouve même une figure assez agréable.

ERMANCE.

Oh! mais des yeux si hardis, un ton si brusque... Et puis, il paraît qu'il est très fort... Tiens, il revient... L'entends-tu chanter?

GABRIELLE.

Tant mieux, car je crois bien que les voleurs ne chantent pas.

ERMANCE.

Au contraire, ils chantent toujours pour détourner les soupçons. Ne t'éloigne pas du pistolet.

SCÈNE VI

GABRIELLE, ERMANCE, GEORGES.

GEORGES.

Je suis un peu plus présentable, cousine, et très content de vous revoir; je n'ai pas encore eu l'esprit de vous le dire; mais, que voulez-vous, se trouver, tout à coup, entre deux charmantes jeunes filles, quand depuis dix ans on a vécu au milieu des matelots, qu'on est soi-même une espèce de loup de mer, cela jette un peu d'embarras dans les idées. Comme vous avez grandi et embelli?...

ERMANCE, bas à Gabrielle.

Parle-lui du passé, nous saurons s'il est réellement venu ici.

GABRIELLE.

Vous vous reconnaissez dans le vieux château, n'est-ce pas? Il y a bien des années que vous n'y étiez venu?

GEORGES.

En effet. Vous étiez petite alors.

GABRIELLE.

Vous n'étiez pas bien grand non plus. Vous souvenez-vous du jour où vous avez failli me noyer en me conduisant sur la rivière dans un vieux mauvais bateau.

GEORGES.

Hélas! non; mais cela prouve que j'avais déjà du goût pour les naufrages.

GABRIELLE.

Et la pêche où vous m'avez mis une grosse carpe dans mon tablier?

GEORGES.

Pas davantage. C'est à peine même si je me rappelle la petite personne que vous étiez alors.

ERMANCE.

C'est étonnant.

GABRIELLE.

Très étonnant, puisque, moi qui étais plus jeune, je me souviens de ce temps-là.

GEORGES, *riant*.

Pas très bien; la preuve en est que vous ne m'avez pas du tout reconnu, cousine. Il est vrai que je n'avais pas de moustaches alors, et que l'air de la mer ne m'avait pas hâlé le visage.

GABRIELLE.

Mon cousin était blond, à ce qu'il me semble, et vous êtes...

GEORGES.

Châtain foncé...

44

ERMANCE.

Toujours l'influence de la mer, sans doute. Ainsi, vous n'avez conservé aucun souvenir...

GEORGES.

Rien que de très vague. Depuis cette époque, j'ai vu tant de choses!...

GABRIELLE.

Vous ne vous rappelez même pas d'avoir tiré un coup de fusil sur un chat qui se sauvait en emportant un poulet?

GEORGES.

J'en ai quelque idée; mais l'impression que j'ai éprouvée depuis quand il m'a fallu tirer sur des hommes...

ERMANCE.

Comment... vous avez tiré sur des hommes...

GEORGES.

Eh! mon Dieu, oui! Cela fait partie de mon métier.

ERMANCE.

Quelle horreur!

GEORGES.

Mais vous-même, mademoiselle, me semble que vous êtes assez belliqueuse. N'est-ce pas un poignard que je vois là, à votre ceinture?

ERMANCE.

Oui, c'est un poignard, et je saurais m'en servir au besoin.

GEORGES.

Peste! Et contre qui?

ERMANCE.

Contre un ennemi, ou... un voleur.

UNE FIERE PANIQUE.

AU SECOURS! GABRIELLE, AU SECOURS!

GEORGES.

Vous ne feriez que lui donner une arme contre vous. *(Il rit.)* Il vous l'enlèverait d'un tour de main.

(Ermance l'ôte de sa ceinture.)

ERMANCE, *tremblante.*

N'y touchez pas...

GEORGES.

Simplement pour vous montrer ce qui arriverait. *(Il le prend.)* Puis voilà.

(Il feint de le lever sur elle.)

ERMANCE.

Au secours! Gabrielle, au secours!

(Gabrielle saisit le pistolet; elle tire sans se donner le temps de viser.)

GEORGES, *se retourne vers Gabrielle.*

Qu'est-ce que c'est que ça?... Quelle imprudence! *(Il saute sur le pistolet et le prend.)* Et l'autre canon est chargé aussi, sans doute? *(Il tire le second coup par la fenêtre.)*

GABRIELLE et ERMANCE, *tombant à genoux en criant :*

Grâce! grâce!

GABRIELLE.

Ne nous tuez pas, prenez tout ce qu'il y a ici... monsieur le voleur, nous vous le donnons.

GEORGES.

Quoi! est-il possible? Vous me prenez encore pour un voleur? moi?... Ah! mon Dieu! elle se trouve mal... et l'autre aussi... Que faire? Cousine? Mademoiselle! *(Il frappe dans leurs mains.)* Revenez à vous... Gabrielle... Ah! elle ouvre les yeux... Ma petite cousine... Je suis bien Georges. Tenez, voici une lettre de votre père dans laquelle il m'appelle son fils. Regardez plutôt.

GABRIELLE.

Son écriture! Ah! oui.

GEORGES.

Lisez ce qu'il m'écrit : — Mon cher enfant, arrive, je t'attends, et si tu plais à ma fille... Je n'ose continuer...

GABRIELLE.

Ermance, entends-tu?

ERMANCE.

J'entends. Je n'étais qu'étourdie. Je déteste les coups de feu, ça fait trop de bruit.

GEORGES.

Oh! cousine! Oh! mademoiselle, me pardonnez-vous? Vous êtes sûres à présent que je suis bien le neveu de mon oncle?

GABRIELLE.

Oui; Georges le marin, Ermance; papa dit qu'il est très bon, très brave; il a sauvé un matelot qui se noyait; puis, à l'abordage d'un négrier, il s'est conduit en héros. J'avais raison de te dire qu'il avait une figure...

ERMANCE.

Une figure agréable, tu me l'as dit.

GEORGES.

En vérité! Je suis plus heureux... plus heureux que je ne le mérite.

GABRIELLE.

Quand je pense que j'ai failli vous tuer, cousin, j'en frémis.

GEORGES.

Bah! je ne m'en porte pas plus mal; au contraire.

SCÈNE VII

Les Mêmes, JEAN.

JEAN.

J'ai entendu deux coups de feu. Me voici qui accours avec du renfort.

GEORGES.

C'était en signe de réjouissance.

GABRIELLE.

Oui, Jean, c'était pour fêter le retour de mon cousin Georges le marin, le lieutenant de vaisseau, tu sais, dont papa parle toujours, et qu'il est allé voir à Brest, il y a deux ans.

JEAN.

Eh bien, monsieur, vous pouvez me donner une seconde poussée, mais pas si rude, s'il vous plaît.

GEORGES.

J'aime mieux te donner une bonne poignée de main, mon garçon.

GABRIELLE.

Je viens de voir la voiture dans l'avenue; c'est mon père qui arrive. Courons tous au-devant de lui. Georges, votre bras, je vous prie, et donnez l'autre à Ermance.

GEORGES.

Deux jolies corvettes !... Adieu la mer !

GABRIELLE.

Plus de voyages, alors?

GEORGES.

Si fait; un long et bienheureux voyage, si vous y consentez, mais autour du foyer.

(*Ils sortent.*)

JEAN.

J'ai dans l'idée que ça se terminera par un mariage. Ç'avait pourtant drôlement commencé; mais, comme on dit, tout est bien qui finit bien.

TABLE

Préface	1
Le Verre de Grand-Papa	7
L'Institutrice	27
La Mendiante	38
Le Tribunal	55
Maman ne m'aime plus	66
Bal d'enfants	84
Ce soir, la Fête a Papa	99
La Pièce de vingt francs	117
Désobéissant	135
La Poupée de Renée	154
Une Conspiration	163
Une Faute	177
La Croix d'or	191
L'Ile déserte	209
La Guerre	225
Une Loterie	236
La Vanité	251
Le premier Bal	266
La Dinette	281
Un Rêve ou l'Ile de Polichinelle	299
Les Vendanges	319
Une Fière panique	333

www.ingramcontent.com/pod-product-compliance
Lightning Source LLC
Chambersburg PA
CBHW052034230426
43671CB00011B/1650